# MAYHAUS

ISBN: 978-

3-89986-343-7

# MAYHAUS

**HERAUSGEBER / EDITORS**
CHRISTINA TREUTLEIN
PHILIPP STURM
ERNST-MAY-GESELLSCHAFT

**FOTOGRAFIE / PHOTOGRAPHY**
SIMON KECKEISEN

**VERLAG / PUBLISHER**
AV EDITION

**DAS MUSTERHAUS DES NEUEN FRANKFURT /**
**THE HOUSE MUSEUM OF THE NEUES FRANKFURT**

# ARCHITEKTEN

# RUDLOFF
# MAY
# WINTER
# RUHL
# KURTH

# ARCHITECTS

# HAUS/HOUSE TYP D

# 88 M²
# IM BURGFELD 136

# GEBAUT/BUILT 1927–1928

# INHALT

# CONTENT

# VORWORT

KLAUS KLEMP, VORSITZENDER DER ERNST-MAY-GESELLSCHAFT

Das mayhaus ist kein imposantes Haus, es ist nicht repräsentativ, nicht auffällig, nicht spektakulär. Das mayhaus ist ein kleines Haus, das aber macht seine Größe aus – seine Größe in der Design- und Architektur- und in der Sozialgeschichte. Es hat Vorfahren, aber es ist auch antizipatorisch, was die heutige Diskussion um Tiny Houses betrifft. Es ist ein richtiges Haus mit Erdgeschoss, Obergeschoss, Keller, mit Bad und Küche, mit Vorder- und Hintereingang – das alles auf 88 m² Nutzfläche. Es hat einen Garten und einen Vorgarten.

Aber das mayhaus und die ganze Römerstadt-Siedlung sind keine Solitäre, sondern Teile eines viel größeren gesellschaftlichen Projekts. Das Projekt Neues Frankfurt war die Antwort auf eine fundamentale Krise und hat daraus einen holistischen Ausweg aufzuzeigen versucht. Versucht ist richtig, denn vollständig gelungen ist das Projekt nicht.

Das Ende des Ersten Weltkriegs brachte in Deutschland einen politischen Systemwechsel vom Feudalismus zur Demokratie, der zugleich die Frage aufwarf, ob die Zukunft sozialistisch oder bürgerlich werden sollte. Die Wirtschaftslage war bis zum Ende der Hyperinflation 1923 katastrophal und der Diskurs um eine neue Gesellschaft und den Neuen Menschen mehr als kontrovers.

In dieser Situation wagte die Stadt Frankfurt einen Neuanfang, der nicht nur das Wohnungsproblem lösen sollte. Es ging um neue materielle und mentale Grundlagen in Wirtschaft, Politik, Kultur, Medien und im Miteinander der Menschen. Frankfurt verstand sich als eine Art Petrischale für eine Moderne, die sich schon vor 1914 an vielen Orten artikuliert hatte und nun Realität werden sollte. 1933, mit der Machtübernahme der Nationalsozialisten, war dieser Traum von einer neuen Welt allerdings schlagartig ausgeträumt. Dennoch blieb das Neue Frankfurt nach 1945 nicht folgenlos. Das aus dem Exil zurückgekehrte Institut für Sozialforschung, mit seinen Protagonisten Theodor W. Adorno und Max Horkheimer, hatte nicht unwesentlichen Einfluss auf die Erneuerung der westdeutschen Gesellschaft der sechziger Jahre.

Und was hat das „kleine Haus" dazu beigetragen? Zunächst nicht viel, denn das urbanistische Projekt der Zwanzigerjahre wurde nach 1945 im Rückblick lange marginalisiert oder gleich ganz vergessen. Die autogerechte Stadt war angesagt und mehr historische Substanz abgerissen als im Bombenkrieg zerstört worden war. Die überwiegend erhaltenen Siedlungen aus der May-Ära wurden mehr oder weniger vernachlässigt.

Eine Initiative aus ArchitektInnen, PolitikerInnen sowie Bau- und KunsthistorikerInnen hat dann aber 2003 unter dem Gründungsvorsitzenden der ernst-may-gesellschaft Eckhard Herrel die Rekonstruktion eines exemplarischen Reihenhauses aus dem Jahr 1927/28 initiiert und mit viel Idealismus tatkräftig realisiert. Das gelang nur durch zahlreiche Förderer, die bis heute dieses private, gemeinnützige Projekt unterstützen: vor allem die städtischen Dezernate für Planen und Wohnen sowie für Kultur und Wissenschaft, das Hessische Ministerium für Wissenschaft und Kunst, das Hessische Landesamt für Denkmalpflege, der Hessische Museumsverband, das Kuratorium Kulturelles Frankfurt, die Stiftung Polytechnische Gesellschaft, die Stiftung Citoyen und die Wüstenrot Stiftung. Auch die Eigentümerin des Hauses, die städtische Wohnungsbaugesellschaft ABG Frankfurt Holding, darf nicht unerwähnt bleiben. Sie hat uns stets wohlwollend unterstützt. Und nicht zuletzt sind es die fast 300 Vereinsmitglieder, die mit ihrem finanziellen Beitrag und vor allem ihrer ehrenamtlichen Tätigkeit, ob in der Gremienarbeit oder bei Führungen bis hin zur Gartenarbeit, das mayhaus möglich machen. 

Zum mayhaus fehlte bislang eine fundierte Publikation; die liegt nun vor. Christina Treutlein und Philipp Sturm, den HerausgeberInnen und AutorInnen, sei hier herzlich gedankt, ebenso den Co-Autorinnen Annika Sellmann, Elisa Lecointe und Ulrike May, den finanziellen Förderern und dem Verlag av edition, der sich wieder einmal für die Architektur- und Gestaltungsgeschichte Frankfurts engagiert hat.

Das „kleine Haus" ist in gewisser Hinsicht der Nukleus des großen Projekts Neues Frankfurt. Nun kann es in seiner Gänze erfahren werden. Ich wünsche dem Buch nachdrücklich eine angemessen große Verbreitung.

# FOREWORD

KLAUS KLEMP, CHAIRMAN OF THE ERNST-MAY-GESELLSCHAFT

The mayhaus is not an imposing house, it is not representative, not eye-catching, not spectacular. The mayhaus is a small house, but that is what constitutes its greatness – its greatness in the history of design and architecture and in social history. It has antecedents, but it is also anticipatory of today's discussion about tiny houses. It is a proper house with a ground floor, a upper floor, a basement, with a bathroom and a kitchen, with a front and a back entrance. And all this is found on 88 m² of floor space. It has a garden and a front yard.

However, the mayhaus and the entire Römerstadt housing estate are not solitaires but parts of a much larger social project. The *Neues Frankfurt* project was the answer to a fundamental crisis and it attempted to present a holistic solution. The stress here should be on "attempted", because the project was not completely successful.

The end of the First World War brought a change of the political system in Germany from feudalism to democracy, which at the same time raised the question of whether the future should be socialist or bourgeois. The economic situation was catastrophic until the end of the hyperinflation in 1923 and the discourse about a new society and the New Man was more than controversial.

In this situation, the city of Frankfurt dared to make a new start that would not only solve the housing problem. It was about new material and mental foundations in the economy, politics, culture, media and in the way people lived together. Frankfurt saw itself as a kind of petri dish for a modernity that had already been articulated in many places before 1914 and was now to become reality. In 1933, however, when the National Socialists came to power, this dream of a new world was abruptly ended. Nevertheless, the *Neues Frankfurt* did not remain without consequences after 1945. The Institute for Social Research, which returned from exile with its protagonists Theodor W. Adorno and Max Horkheimer, had a significant influence on the renewal of West German society in the 1960s.

And what did the "small house" contribute to this? Not much at first, because the urbanist project of the 1920s was marginalised for a long time in the historical perspective after 1945 or even completely forgotten. The car-oriented city was the order of the day and more historical substance was demolished than had been destroyed in the bombing war. The housing estates from the May era, of which most had been preserved, were more or less neglected.

In 2003, however, an initiative of architects, politicians and architectural and art historians, under the founding chairman of the ernst-may-gesellschaft Eckhard Herrel, initiated the reconstruction of an exemplary terraced house from 1927/28 and implemented this idea with a great deal of idealism and energy. This was only possible thanks to numerous sponsors who continue to support this private, non-profit project to this day: above all, the Municipal Departments for Planning and Housing and for Culture and Science, the Hessian Ministry for Science and Art, the Hessian State Office for the Preservation of Historical Monuments, the Hessian Museum Association, the Kuratorium Kulturelles Frankfurt, the Stiftung Polytechnische Gesellschaft, the Stiftung Citoyen, and the Wüstenrot Stiftung. The owner of the building, the municipal Housing Association ABG Frankfurt Holding, must not go unmentioned either for its permanent and benevolent support. And last but not least, it is the nearly 300 members of the association who make the mayhaus possible with their financial contributions and, above all, their volunteer work, whether on the association's committees or with their guided tours and gardening.

Until now, there has been no well-founded publication on the mayhaus; this is now available. Christina Treutlein and Philipp Sturm, the editors and authors, deserve our sincere thanks here, as do the co-authors Annika Sellmann, Elisa Lecointe and Ulrike May, the financial sponsors and the publishing house av edition, which has once again shown its commitment to the history of architecture and design in Frankfurt.

The "little house" is in some ways the nucleus of the large *Neues Frankfurt* project. Now it can be experienced in its entirety. I emphatically wish the book an appropriately wide distribution.

BAUARBEITEN IN DER ORTENBERGER STRASSE, SIEDLUNG BORNHEIMER HANG, 1927/28 /
CONSTRUCTION WORK AT ORTENBERGER STRASSE, BORNHEIMER HANG HOUSING ESTATE, 1927/28

# STADT SIEDLUNG STRASSE

PHILIPP STURM

# CITY HOUSING ESTATE STREET

DAS NEUE FRANKFURT, HEFT 7/8, 1928

DAS NEUE FRANKFURT, ISSUE 7/8, 1928

# 15 STADT

Das Ende des Ersten Weltkrieges leitete in Deutschland einen Neubeginn des gesellschaftlichen und politischen Lebens in nahezu jedem Bereich ein, so auch in der Kultur, der Architektur und im Städtebau. Die Großstädte erlebten einen gewaltigen Modernisierungsschub; in Frankfurt am Main ging damit eine Großstadtplanung einher: das Neue Frankfurt.

## DAS NEUE FRANKFURT

Das Projekt des Neuen Frankfurt umfasste neben Eingemeindungen und einem massiven Wohnungsbauprogramm auch die Neugründung der Frankfurter Messe, die Gründung der Frankfurter Kunstschule, die Inbetriebnahme des Frankfurter Flughafens sowie die Initiative für die HaFraBa, der Autoschnellstraße zwischen Hamburg, Frankfurt und Basel. Politisch und finanziell ermöglicht wurde dieses weitgreifende Programm, das zwischen 1924 und 1930 in seiner Blüte stand, vor allem durch drei Persönlichkeiten: Ludwig Landmann (1868–1945), von 1924 bis 1933 liberaler Oberbürgermeister der Stadt und zuvor von 1916 an Dezernent für Wirtschaft, Verkehr und Wohnungswesen; Bruno Asch (1890–1940), von 1925 bis 1931 sozialdemokratischer Kämmerer und zuvor Bürgermeister der 1928 eingemeindeten Stadt Höchst sowie Ernst May (1886–1970), 1925 von Landmann berufener Dezernent für Städtebau, zuvor Leiter der Schlesischen Heimstätte in Breslau und 1930 in die Sowjetunion gerufen, um dort den Stadt- und Siedlungsbau voranzutreiben. Landmann, Asch und May sorgten in enger Zusammenarbeit und politisch gestützt durch die DDP (Deutsche Demokratische Partei), die Sozialdemokraten und die Deutsche Zentrumspartei für eine grundlegende Erneuerung der Stadt.

## DAS WOHNUNGSBAUPROGRAMM

Durch das Wohnungsbauprogramm des Neuen Frankfurt entstanden bis 1930 innerhalb von nur fünf Jahren mehr als 10.000 Wohnungen in neuen Siedlungen. Politisch gewollt war die Errichtung von Wohnungen, deren Mietpreis 25 Prozent des Monatseinkommens nicht übersteigen sollte. In der Anfangsphase allerdings lagen – beispielsweise auch in der Römerstadt – die Mieten für einen 88 $m^2$ großen Reihenhaustyp bei 100 Reichsmark (RM). Der Monatslohn eines Arbeiters betrug damals durchschnittlich 200 RM.[1] Das hatte zur Folge, dass diese Häuser von Familien mit einem höheren Einkommen bezogen wurden. Der Grund und Boden für zusammenhängende Bauflächen wurde durch das städtische Liegenschaftsamt erworben. Die Weimarer Verfassung erlaubte Grundstücksenteignungen für den Wohnungsbau. Allein die Androhung reichte meist aus, um die Flächen kostengünstig zu erhalten. Die Finanzierung des Bauprogramms selbst wurde zur Hälfte durch die seit 1924 erhobene Hauszinssteuer bestritten. Diese war ein Geldentwertungsausgleich und wurde auf das vor 1918 entstandene Wohneigentum, welches durch die Hyperinflation 1923 vollständig entschuldet worden war, erhoben. Die andere Hälfte wurde durch Darlehen der Stadtsparkasse und Eigenkapital finanziert.[2]

Der städtebauliche Plan für die neuen Frankfurter Siedlungen sah nicht vor, die konzentrischen Stadterweiterungen, die meist den Gesetzen des Marktes folgten, fortzuführen. May setzte vielmehr auf das Konzept „Stadterweiterung mittels Trabanten", welches er 1921 gemeinsam mit Herbert Boehm (1894–1954) bei einem Wettbewerb für Breslau eingereicht hatte. Es geht – beeinflusst durch die 1898 vom englischen Reformer Ebenezer Howard (1850–1928) entwickelte Gartenstadt – von autarken Siedlungen aus, die um das Stadtzentrum herum angeordnet werden. May und Boehm passten den Breslauer Plan der Frankfurter Situation an: Im Osten entstanden die Siedlungen Bornheimer Hang und Riederwald und im Süden die Siedlung Bruchfeldstraße und die Heimatsiedlung. Besonders ausgeprägt ist das Trabantensystem jedoch entlang des Niddatals im Nordwesten der Stadt, hier wurden die neuen Siedlungen Römerstadt, Praunheim, Westhausen und Höhenblick (Ginnheim) angelegt. Anders als in der Theorie des Trabantenkonzepts waren die Siedlungen jedoch nicht autark, sondern eher Arrondierungen vorhandener Stadtteile, sodass sie letztendlich nahezu als reine Wohngebiete angelegt wurden.[3]

Das Niddatal-Projekt war Teil der städtischen Grünflächenpolitik. Diese sah sogenannte grüne Trabanten als Naturräume zur Auflockerung der Großstadt vor. Die Siedlungen entlang der Nidda gehörten ebenfalls zum Niddatal-Projekt. Im Zentrum der terrassenförmig angelegten Wohngebiete sollte eine neu gestaltete Auenlandschaft Flächen für „stadtgebundene Landwirtschaft" mit Kleingärten, Äckern und Wiesen sowie für soziale Erholungs-, Sport- und Naturräume bieten.

# CITY

The end of the First World War ushered in a new beginning for social and political life in Germany in almost every area, including culture, architecture and urban development. The big cities experienced a tremendous push towards modernisation; in Frankfurt am Main this was accompanied by a major urban planning project: the *Neues Frankfurt*.

## THE NEUES FRANKFURT

In addition to incorporations and a massive housing construction programme, the *Neues Frankfurt* project included the re-establishment of the Frankfurt Fair, the founding of the Frankfurter Kunstschule (Frankfurt School of Art), the opening of Frankfurt Airport and the initiative for the HaFraBa, the motorway between Hamburg, Frankfurt and Basel. This far-reaching programme, which flourished between 1924 and 1930, was made possible politically and financially by three personalities in particular: Ludwig Landmann (1868–1945), liberal Lord Mayor of the city from 1924 to 1933, and before that head of the department of economy, transport and housing since 1916; Bruno Asch (1890–1940), social democratic chamberlain from 1925 to 1931 and before that mayor of Höchst, which was incorporated in 1928; and Ernst May (1886–1970), director of the building department, appointed by Landmann

**1**—Ernst May, „Die Wohnung für das Existenzminimum". In: *Das Neue Frankfurt*, Heft 11, 1929, S. 209

**2**—Ernst May, „Fünf Jahre Wohnungsbautätigkeit in Frankfurt am Main". In: *Das Neue Frankfurt*, Heft 2/3, 1930, S. 21–51

**3**—Dorothea Deschermeier, „Das Trabantenkonzept als städteplanerische Idee". In: Wolfgang Voigt, Dorothea Deschermeier, *Neuer Mensch, Neue Wohnung*, Berlin 2019, S. 78–79

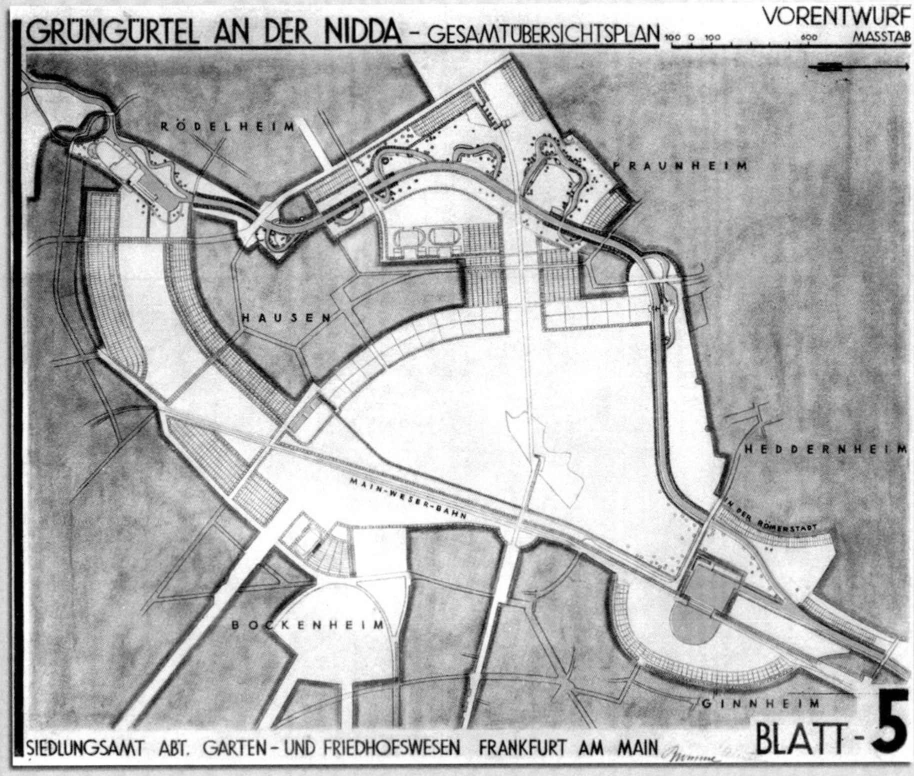


BLICK ÜBER DIE NIDDA AUF DIE RÖMERSTADT, POSTKARTE, FRÜHE 1930er JAHRE /
VIEW OF THE RÖMERSTADT ACROSS THE NIDDA, POSTCARD, EARLY 1930s
PLAN ZUM NIDDATAL-PROJEKT VON MAX BROMME, 1928 /
PLAN OF THE NIDDA VALLEY PROJECT BY MAX BROMME, 1928

in 1925. May had already served as director of the Schlesische Heimstätte in Breslau (Wrocław) and he was later called to the Soviet Union in 1930 to promote urban and housing development. Landmann, Asch and May worked closely together and were politically supported by the DDP (German Democratic Party), the Social Democrats and the German Centre Party to bring about a fundamental renewal of the city.

## THE HOUSING PROGRAMME

By 1930, the *Neues Frankfurt* housing programme had brought about the construction of more than 10,000 flats in new housing estates within just five years. The political intention was to build flats the rent of which should not exceed 25 percent of the monthly income. However, in the initial phase, rents for an 88 $m^2$ type of terraced house were around 100 Reichsmark (RM) – even in the Römerstadt, for example. The monthly wage of a worker at that time averaged 200 RM.[1] This meant that these houses were occupied by families with a higher income. The land for contiguous building areas was acquired by the municipal real estate office. The Weimar Constitution permitted the expropriation of land for housing construction. The threat alone was usually enough to keep the land cheap. Half of the financing of the construction programme itself was covered by the house interest tax levied since 1924. This was a compensation for monetary depreciation and was levied on residential property built before 1918, which had been completely debt-free due to hyperinflation in 1923. The other half was financed by loans from the Stadtsparkasse and equity capital.[2]

## URBAN EXPANSION WITH SATELLITE TOWNS AND THE NIDDA VALLEY PROJECT

The urban development plan for the *Neues Frankfurt* housing estates did not envisage continuing the concentric urban expansion that mostly followed the laws of the market. May rather relied on the concept of "urban expansion by means of satellite towns", which he had submitted in 1921 together with Herbert Boehm (1894–1954) to a competition for Breslau. Influenced by the garden city developed in 1898 by the English reformer Ebenezer Howard (1850–1928), it is based on self-sufficient settlements arranged around the city centre. May and Boehm adapted the Breslau plan to the situation in Frankfurt: the housing estates Bornheimer Hang and Riederwald were built in the east, the housing estates Bruchfeldstraße and Heimatsiedlung in the south. However, the satellite town system is particularly distinct along the Nidda Valley in the north-west of the city, where the new housing estates Römerstadt, Praunheim, Westhausen and Höhenblick (Ginnheim) were built. In contrast to the theory of the satellite town concept, however, the housing estates were not self-sufficient but were rather consolidations of existing city districts, so that they were eventually laid out as almost purely residential areas.[3]

The Nidda Valley project was part of the urban green space policy. This policy provided so-called green satellites as natural spaces to break up the big city. The housing estates along the Nidda were also part of the Nidda Valley project. In the centre of the terraced residential areas, a newly designed floodplain landscape was to provide areas for "urban agriculture" with allotments, fields and meadows, as well as for social recreation, sports and nature areas.

19 »DAS EINZELNE HAUS DIENT DER HAUSREIHE ODER DEM BLOCK, DIE BLOCKS FÜGEN SICH ORGANISCH ZUSAMMEN ZUM STADTVIERTEL, ZUR SIEDLUNG, DAS EINZELNE QUARTIER WIEDERUM FÜGT SICH EIN IN DIE GROSSE VORBEDACHTE STADTFORM.«

»THE INDIVIDUAL HOUSE SERVES THE ROW OF HOUSES OR THE BLOCK, THE BLOCKS FIT TOGETHER ORGANICALLY TO FORM THE CITY QUARTER, THE HOUSING ESTATE, IN TURN THE INDIVIDUAL QUARTER FITS INTO THE LARGE PREMEDITATED URBAN FORM.«

Herbert Boehm, 1927

**1**—Ernst May, "Die Wohnung für das Existenzminimum". In: *Das Neue Frankfurt*, issue 11, 1929, p. 209

**2**—Ernst May, "Fünf Jahre Wohnungsbautätigkeit in Frankfurt am Main". In: *Das Neue Frankfurt*, issue 2/3, 1930, pp. 21–51

**3**—Dorothea Deschermeier, "Das Trabantenkonzept als städteplanerische Idee". In: Wolfgang Voigt, Dorothea Deschermeier, *Neuer Mensch, Neue Wohnung,* Berlin 2019, pp. 78–79

BAU DER BASTIONSMAUER IM WESTEN DER RÖMERSTADT, 1928, LINKS AM HORIZONT DIE VILLA MAY IN GINNHEIM /
CONSTRUCTION OF THE BASTION WALL IN THE WESTERN PART OF THE RÖMERSTADT, 1928, THE VILLA MAY IS VISIBLE ON THE HORIZON TO THE LEFT
LUFTBILD DER RÖMERSTADT, 1928/29, LINKS UNTEN DIE KLEINGARTENANLAGE MIT DEN TYPISIERTEN LAUBEN /
AERIAL VIEW OF THE RÖMERSTADT, 1928/29, ALLOTMENT GARDENS WITH TYPIFIED SHEDS VISIBLE TO THE BOTTOM LEFT

# 23 SIEDLUNG

Etwa sieben Kilometer nordwestlich des Stadtzentrums liegt die Siedlung Römerstadt. Sie galt bereits kurz nach ihrer Fertigstellung als Ikone des Städtebaus. Die Architekten Ernst May, Herbert Boehm und Wolfgang Bangert (1901–1973) projektierten sie als Siedlung Heddernheim. In ihrer expressiv geschwungenen Form nimmt die zwischen Praunheim und Heddernheim gelegene Römerstadt besonders differenziert Bezug auf die Topografie des Niddatals. Die in einem leichten S-Bogen gekurvte Hadrianstraße führt, nordwestlich gerichtet, aus der Flussaue einen Hang hinauf und verbindet den langgestreckten Westteil mit dem geschwungen am Hang aufsteigenden Ostteil der Siedlung. Im Süden, zur Nidda hin, schließt die Römerstadt mit einer massiven, festungsartigen, zwei Kilometer langen und bis zu drei Meter hohen Mauer aus Beton ab. Den „Römerstädtern" vermittelt die Mauer innere Verbundenheit und Geschlossenheit. Sie wird an den Wegekreuzungen durch halbkreisförmige Bastionen unterbrochen, welche als öffentliche Grünflächen und Aussichtspunkte dienen. Nach Norden markieren langgezogene, mehrgeschossige Wohnblocks an der Straße In der Römerstadt den Abschluss der Siedlung. Ein Flächenverteilungsplan von 1930 der Stadt zeigt eine nicht weiter forcierte Planung, die gesamte Römerstadt entlang dieser Straße nach Norden zu spiegeln. Die Architekten legten die inneren Straßen mit ihren angrenzenden Reihenhauszeilen im westlichen Teil rhythmisch versetzt und im östlichen Teil geschwungen an. So konnte der Eindruck von Monotonie vermieden werden, und die Straßen sind nie vollständig einsehbar. Gekreuzt werden sie durch nordsüdlich ausgerichtete Fußgängerwege, die über die Bastionen hinweg zur Nidda führen.

Insgesamt ließ die Aktienbaugesellschaft für kleine Wohnungen (ABG) 1927/28 in der Römerstadt 1182 Wohnungen (geplant waren 1220) errichten, davon 581 in Einfamilienreihenhäusern, 50 in Zweifamilienhäusern sowie 551 in mehrgeschossigen Bauten. Beide Siedlungsteile bestehen also zum größten Teil aus flachgedeckten, zweigeschossigen, standardisierten Einfamilienreihenhäusern mit rückwärtigen Gärten sowie aus dreigeschossigen Wohnblocks an den Bastionen. May hielt das Einfamilienreihenhaus für die ideale moderne Wohnform. Das zentrale Gebäude der Römerstadt ist der langgezogene, viergeschossige Ladenhausblock von Carl-Hermann Rudloff (1890–1949). Seine geschwungene Fassade mit Fensterbändern und Bullaugenfenstern erinnert an Schiffsarchitektur. Im Erdgeschoss befinden sich zehn Ladengeschäfte und in den darüber liegenden Stockwerken Wohnungen. Im westlichen Teil der Hadrianstraße schließt ein zweiter, langgezogener Mehrfamilienhausblock von Franz Schuster (1892–1972) an. Für die Architekturen der Zeilen- und Mehrfamilienbauten innerhalb der Siedlung zeichnete vor allem Rudloff verantwortlich, Ausnahmen sind die Straßen Im Heidenfeld und An der Ringmauer, hier kamen Karl Blattner (1881–1951) bzw. Gottlob Schaupp (1891–1977) hinzu. Die Römerstadt-Schule (heute: Geschwister-Scholl-Schule) wurde nach einem Entwurf von Martin Elsaesser (1884–1957) und Wilhelm Schütte (1900–1968) errichtet, die Lauben in den Schrebergärten entwarf Margarete Schütte-Lihotzky (1897–2000).

Alle Wohnungen hatten Zentralheizung, ein Bad und eine Frankfurter Küche, die Siedlung war elektrifiziert. Arbeiterhaushalte zogen kaum in die Römerstadt. Hier wohnten in erster Linie Angestellte, Beamte und Freiberufler.

Die Siedlung steht seit 1972 unter Denkmalschutz und wird seit 1974 durch die vierspurige Rosa-Luxemburg-Straße und durch eine U-Bahn-Trasse geteilt.

The Römerstadt housing estate is situated about seven kilometres northwest of the city centre. Shortly after its completion, it was already considered an icon of urban development. The architects Ernst May, Herbert Boehm and Wolfgang Bangert (1901–1973) designed it as the Heddernheim housing estate. In its expressively curved form, the Römerstadt, situated between Praunheim and Heddernheim, makes a particularly differentiated reference to the topography of the Nidda Valley. The Hadrianstraße, which is curved in a slight double bend, leads uphill from the floodplain to the north-west and connects the elongated western part with the curved eastern part of the housing estate rising up the slope. To the south, towards the Nidda, the Römerstadt ends with a massive, fortress-like wall of concrete, two kilometres long and up to three metres high. For the "Römerstadt people", the wall conveys an inner bond and unity. It is intersected at the crossroads by semi-circular bastions, which serve as public green spaces and vantage points. To the north, long, multi-storey apartment blocks along the street In der Römerstadt mark the border of the housing estate. An area distribution plan (1930) of the town reveals the idea, which was not implemented, to mirror the entire Römerstadt along this street to the north. The architects laid out the inner streets with their adjoining rows of terraced houses in a rhythmically staggered manner in the western part and curved in the eastern part. This avoided the impression of monotony and the streets are never completely visible. They are crossed by north-south oriented pedestrian paths which lead to the Nidda river via the bastions.

In 1927/28, the Aktienbaugesellschaft für kleine Wohnungen (ABG) had a total of 1182 flats built in the Römerstadt (1220 were planned), of which 581 were in single-family row houses, 50 in two-family houses and 551 in multi-storey buildings. Both parts of the housing estate thus largely consist of flat-roofed, two-storey, standardised single-family row houses with gardens at the rear, as well as three-storey apartment blocks at the bastions. May considered the single-family row house to be the ideal modern form of living. The central building of the Römerstadt is the long, four-storey residential block by Carl-Hermann Rudloff (1890–1949). Its curved facade with ribbon and porthole windows is reminiscent of ship architecture. There are ten shops on the ground floor and flats on the floors above. The western part of Hadrianstraße is adjoined by a second, elongated apartment block designed by Franz Schuster (1892–1972). Rudloff was primarily responsible for the architecture of the row and multi-family buildings within the housing estate, with the exception of the streets Im Heidenfeld and An der Ringmauer, for which Karl Blattner (1881–1951) and Gottlob Schaupp (1891–1977) joined the team. The Römerstadt-Schule (today: Geschwister-Scholl-Schule) was built according to a design by Martin Elsaesser (1884–1957) and Wilhelm Schütte (1900–1968), while the sheds in the allotment gardens were designed by Margarete Schütte-Lihotzky (1897–2000).

All flats had a bathroom and a Frankfurt kitchen, the housing estate was electrified and all units had central heating. Worker households hardly ever moved to the Römerstadt. Instead, primarily employees, civil servants and freelancers lived here.

The housing estate has been a listed building complex since 1972 and has been divided by the four-lane Rosa-Luxemburg-Straße and an underground railway line since 1974.

BASTION IM OSTEN DER RÖMERSTADT, CA. 1930 /
BASTION IN THE EASTERN PART OF THE RÖMERSTADT, AROUND 1930
BLICK VON DER STRASSE IM BURGFELD AUF DIE HADRIANSTRASSE, 1929/30, RECHTS DIE SCHULE VON MARTIN ELSAESSER /
VIEW OF HADRIANSTRASSE FROM THE STREET IM BURGFELD, 1929/30, THE SCHOOL BY MARTIN ELSAESSER IS VISIBLE TO THE RIGHT

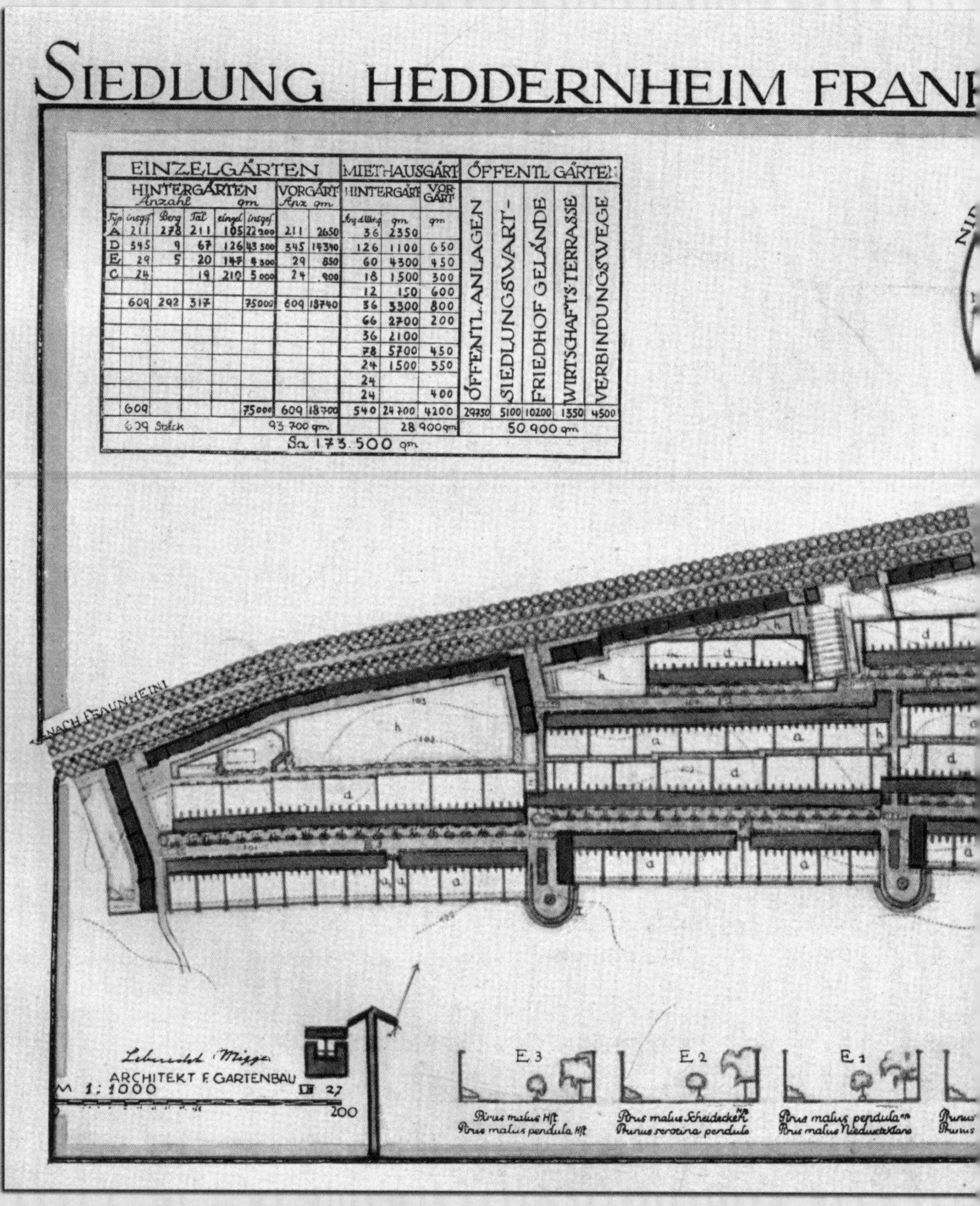


PLAN „SIEDLUNG HEDDERNHEIM FRANKFURT A/M GÄRTEN" VON LEBERECHT MIGGE, 1927

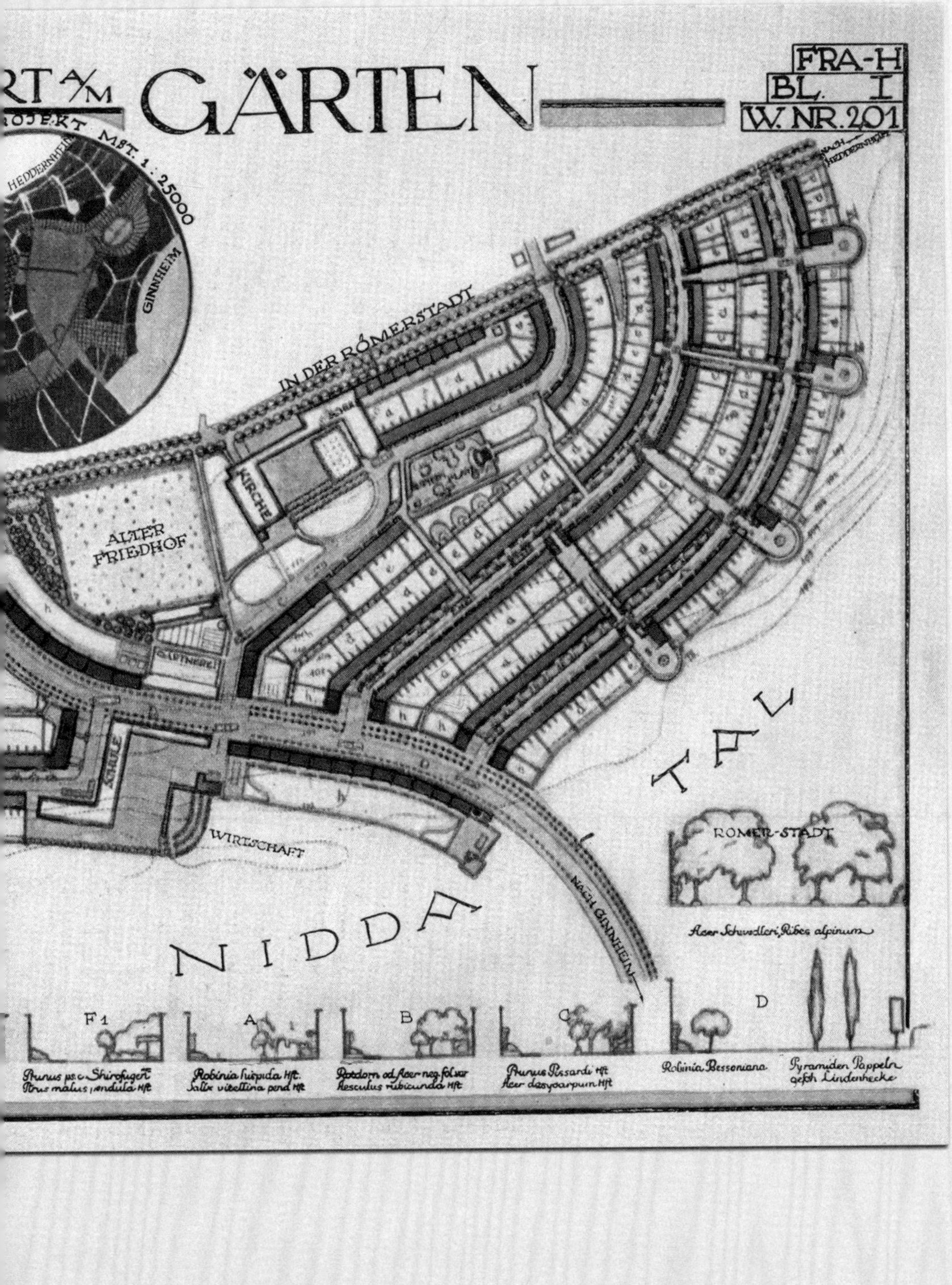


PLAN OF THE "SIEDLUNG HEDDERNHEIM FRANKFURT A/M GÄRTEN" BY LEBERECHT MIGGE, 1927

»BEI DER PLANUNG UNSERER NEUZEITLICHEN SIEDLUNGEN WIRD NICHT MEHR WIE FRÜHER NUR AN DEN STEINBAU GEDACHT, SONDERN ES WIRD SCHON BEI DER ERSTEN PLANUNG DIE ZUKÜNFTIGE GÄRTNERISCHE GESTALTUNG VOR UND HINTER DEM WOHNHAUSE BERÜCKSICHTIGT UND, WAS NOCH WICHTIGER IST, AUCH BEI DEM BAU DER SIEDLUNG IN DIE TAT UMGESETZT.«

»WHEN PLANNING OUR MODERN HOUSING ESTATES, WE NO LONGER CONSIDER ONLY THE STONE BUILDING AS IN THE PAST, BUT THE FUTURE GARDEN DESIGN IN FRONT OF AND BEHIND THE DWELLING HOUSE IS ALREADY TAKEN INTO ACCOUNT DURING THE INITIAL PLANNING AND, WHAT IS EVEN MORE IMPORTANT, ALSO PUT INTO PRACTICE DURING THE CONSTRUCTION OF THE HOUSING ESTATE.«

Carl-Hermann Rudloff, 1929

SÜDLAGENTYPEN IN DER STRASSE IM BURGFELD, 1929/30, IM HINTERGRUND DIE SCHULE VON MARTIN ELSAESSER /
SOUTH FACING HOUSE TYPES IN THE STREET IM BURGFELD, 1929/30, THE SCHOOL BY MARTIN ELSAESSER IS VISIBLE IN THE BACKGROUND

BLICK VON DER BASTION AUF DAS HAUS IM BURGFELD 136, 1929/30 /
VIEW OF THE HOUSE IM BURGFELD 136 FROM THE BASTION, 1929/30

# 33 STRASSE

Auf halber Länge der Hadrianstraße zweigt, nach Süden gerichtet, die Straße Im Burgfeld ab, die nach wenigen Metern abknickt und dann circa 700 Meter gen Westen führt. Etwa alle 200 Meter wird der Straßenverlauf durch ein leichtes Versetzen der Flucht unterbrochen und so einer städtebaulichen Einförmigkeit entgegengewirkt. An diesen Stellen befinden sich Mehrfamilienhausblocks mit den vorgelagerten Bastionen zur Nidda. Den östlichen Eingang der Straße markiert ein Schulbau von Martin Elsaesser und Wilhelm Schütte, mit langgezogenen, teils verklinkerten Fensterbändern. Im Westen – Richtung Praunheim – schließt ein Mehrfamilienhausblock die Bebauung ab.

Gefasst wird der Straßenraum von Reihenhauszeilen, die nach Norden bzw. Süden hin ausgerichtet sind und hinter denen Hausgärten liegen. Auf der südlichen Straßenseite befinden sich die sogenannten Nordlagentypenhäuser (Eingangssituation gen Norden). Sie werden zur Straße durch einen 30 cm schmalen Pflanzstreifen und eine Betonmauer, hinter der sich der Eingangsbereich der Häuser befindet, abgeschirmt. Den Südlagentypenhäusern auf der gegenüberliegenden Seite ist ein etwa sechs Meter breiter, öffentlicher Grünstreifen mit kleinen Obstbäumen vorgelagert, hinter denen die Häuser gut besonnt werden. Die Reihenhäuser besitzen, je nach Nord- oder Südlagentyp, unterschiedliche Grundrisse (75 $m^2$ bzw. 88 $m^2$) und sind immer im Zweierverbund zusammengefasst. Zur Straße wirken die Häuser aufgrund kleiner Fenster und vorgelagerter Mauern geschlossen, zum privaten Garten hin öffnen sie sich dagegen großzügig durch breite Fenster.

# STREET

Halfway along Hadrianstraße, the street Im Burgfeld branches off to the south and makes a bend after a few metres, heading west for about 700 metres. Approximately every 200 metres, the course of the street is interrupted by a slight shift in alignment, thus counteracting architectural uniformity. At these points, there are apartment blocks with the bastions facing the Nidda. The eastern entrance to the street is marked by a school building by Martin Elsaesser and Wilhelm Schütte, with elongated, partly clinkered ribbon windows. In the west – towards Praunheim – a block of apartment buildings completes the development.

The street space is bordered by rows of terraced houses facing north and south, with gardens behind them. The so-called north-facing type houses (entrance situation facing north) are on the southern side of the street. They are shielded from the street by a planting verge of 30 cm width and a concrete wall, behind which the entrance areas of the houses are located. The south-facing type houses on the opposite side are preceded by a public green verge of approximately six metres width with small fruit trees, behind which the houses are well lighted by the sun. The terraced houses have different floor plans (75 $m^2$ or 88 $m^2$), depending on whether they are facing north or south, and are always grouped in pairs. To the street, the houses appear closed due to small windows and shielding walls, whereas they open up generously to the private garden with wide windows.

NORDLAGENTYPEN IN DER STRASSE IM BURGFELD, 1929/30 /
NORTH FACING HOUSE TYPES IN THE STREET IM BURGFELD, 1929/30

Globecar

DOPPELHAUS IM BURGFELD 136/138 MIT DURCHGANG ZUR MITHRASSTRASSE, 1929/30 /
TWIN HOUSE IM BURGFELD 136/138 WITH PASSAGE TO MITHRASSTRASSE, 1929/30

# HAUS

CHRISTINA TREUTLEIN

# HOUSE

Das mayhaus ist heute das Musterhaus des Neuen Frankfurt und wurde dafür denkmalgerecht in den Zustand des Erstbezugs zurückversetzt. Es ist ein Einfamilienreihenhaus des Typs D. Aufgrund seiner Lage am Fußgängerweg zwischen den Straßen Im Burgfeld und Mithrasstraße zählt es zu den Sondertypen: Bauzeitlich hatte das Haus ein zusätzliches Zimmer im Bereich des überbauten Weges. Ohne dieses Zimmer hat das 6,4 m breite und 9 m tiefe Reihenhaus etwa 88 m² Nutzfläche.

Der Grafiker Hans Leistikow (1892–1962) hatte für die Siedlung Römerstadt ein Farbkonzept entwickelt, nach dessen Vorgaben alle zum Niddatal hin ausgerichteten Fassaden weiß und die in die Siedlung hineinblickenden Fassaden rot bzw. ockergelb waren. Alle Metallteile, wie Dachrinnen und Rohre, waren dunkelgrau und die Fensterrahmen und -bänke blau. Bei der Rekonstruktion des Hauses wurde der originale Putz wieder hergestellt. So ist die nach Süden ausgerichtete Straßenfassade des mayhauses über einem grauen Sockelbereich mit einem pigmentlosen, fast weißen Mörtel verputzt, und die nach Norden gelegene Gartenfassade erhielt einen mit Eisenoxidpigmenten rötlich durchgefärbten Oberputz. Dieser wurde mit einem Filzbrett grob abgezogen. Unterhalb des Fensters an der Straßenfassade kann man die im Laufe der Jahre aufgetragenen Schichten studieren. Auch die sprossenlosen Fenster wurden nach originalen Plänen rekonstruiert und beinahe bündig mit dem Außenputz eingesetzt. Deswegen gibt es keine tiefen Laibungen in den Fassaden. Die Fenster mit den originalen, von Ferdinand Kramer (1898–1985) entworfenen Beschlägen schließen mit dem Nut-Feder-Prinzip ohne die heute übliche Gummidichtung. Das Kellerfenster unter dem Hauseingang ist das einzige bauzeitliche Fenster im Musterhaus.

Wie alle Häuser in der Römerstadt wurde das mayhaus auf einem Fundament

Today, the mayhaus is the house museum of the *Neues Frankfurt* and was restored to the condition of its first occupancy. It is a single-family type D terraced house. Due to its location on the pedestrian path between the streets Im Burgfeld and Mithrasstraße, it is one of the special house types: At the time of construction, the house had an additional room in the area of the built-over path. Without this room, the house, 6.4 m wide and 9 m deep, has about 88 m² of usable floor area.

Graphic designer Hans Leistikow (1892–1962) had developed a colour concept for the Römerstadt housing estate which stipulated that all facades facing the Nidda Valley were to be white whereas those facing back into the housing estate were to be red or ochre yellow. All metal parts, such as gutters and pipes, were dark grey and the window frames and sills were blue. During the reconstruction of the house, the original plaster was restored. Thus, the south-facing street facade of the mayhaus is plastered with a pigmentless, almost white mortar over a grey plinth area, and the north-facing garden facade was given a top coat of plaster coloured in a reddish tone with iron oxide pigments. This was roughly scraped off with a felt board. Below the window on the street facade, one can study the layers applied over the years. The muntinless windows were also reconstructed according to original plans and are almost flush mount with the exterior plaster. This is why there are no deep reveals in the facades. The windows with the original fittings designed by Ferdinand Kramer (1898–1985) close with the tongue-and-groove principle without the rubber seal common today. The basement window under the entrance to the house is the only window in the house museum from the period of construction.

Like all houses in the Römerstadt, the mayhaus was built on a foundation of tamped concrete, with bricks that are

aus Stampfbeton gemauert, mit Ziegelsteinen, die im Erdgeschoss ca. 38 cm stark sind. Dabei sind die Außenwände die tragenden Bauelemente, im Inneren hat lediglich eine auch als Wand dienende Stütze zwischen Küche, Flur und Wohnraum eine tragende Funktion. Alle anderen Innenwände bestehen aus leichten Bimsbetonplatten. Von außen betrachtet scheint es, als hätte das Haus ein Flachdach, doch tatsächlich handelt es sich um ein Pultdach mit einer Neigung von zwei Grad, sodass das Regenwasser abfließen kann.

approximately 38 cm thick on the ground floor. The exterior walls are the load-bearing structural elements; inside, only a support between the kitchen, hallway and living room, which also serves as a wall, has a load-bearing function. All other interior walls consist of lightweight pumice concrete slabs. From the outside, the house appears to have a flat roof, but in fact it is a monopitch roof with a slope of two degrees, so that rainwater can run off.

mayhaus

Licht, Luft und Sonne inspirierten die Architekten zum Farbkonzept des Treppen hauses. Ein helles Gelb an den Wänden, ein leuchtendes Gelb an den Treppenwangen und eine weiße Decke lassen es geräumig wirken. Die schwarzen Linien der Sockelleiste und der Handläufe strukturieren den Raum und leiten durch den Eingangsbereich, eine orangefarbene Türe verschließt den Kellereingang. Die Wand zur Kellertreppe wurde in leichter Holzbauweise eingesetzt. Ihre schräge Oberkante bildet zugleich den Handlauf der Treppe ins Obergeschoss. Befunde in Nachbarhäusern zeigten, dass das Farbkonzept zumindest für die Hauszeile Im Burgfeld Standard war, als die ersten Mieter einzogen.

Durch das hohe Sprossenfenster neben der Haustüre fällt viel Tageslicht in den Flur bis hin zur Küche sowie die Treppe hinauf zu den Schlafzimmern. Selbst im Obergeschoss ist es bei Sonnenschein bis in die Ecken hell, weil das Licht von der offenen Struktur des metallenen Geländers nicht zurückgehalten wird. Das massenhaft produzierte Drahtgittergeflecht rekurriert auf den Leitgedanken des Neuen Frankfurt, Wohnungen schnell und billig für alle zu bauen. Zudem ist es äußerst praktisch; es wurde an der Wand lediglich eingehakt und am Boden mit Schrauben verankert. So kann es mit nur wenigen Handgriffen demontiert werden, wenn z. B. große Möbelstücke transportiert werden sollen. Der schwarze Handlauf wurde aus einem Gasrohr gefertigt. In einem sogenannten Befundfenster ist zu erkennen, dass er im Laufe der Jahre mit acht neuen Farbschichten überzogen wurde. Befundfenster der restauratorischen Untersuchung sind im gesamten Haus an nahezu allen Oberflächen zu finden.

Die Bodenbeläge aus Naturmaterialien vervollständigen das Farbkonzept des Treppenhauses. Im Erdgeschoss ist

Light, air and sun inspired the architects regarding the colour concept of the staircase. A light yellow on the walls, a bright yellow on the stair stringers and a white ceiling make it look spacious. The black lines of the skirting board and of the handrails give structure to the room and guide through the entrance area, an orange door closes the cellar entrance. The wall to the cellar stairs was inserted in a light wooden construction. Its sloping upper edge also forms the handrail for the stairs to the upper floor. Findings in neighbouring houses showed that the colour concept was standard at least for the row of houses in the street Im Burgfeld when the first tenants moved in.

Through the high transom window next to the front door, plenty of daylight falls into the hallway and further into the kitchen as well as up the stairs to the bedrooms. When the sun is shining, it is bright right into the corners of the staircase even on the upper floor because the light is not held back by the open structure of the metal railing. The mass-produced wire mesh harks back to the guiding principle of the *Neues Frankfurt*: providing housing quickly and inexpensively for everyone. It is also extremely practical; it was simply hooked onto the wall and anchored to the floor with screws. This means it can be dismantled in just a few steps if, for example, large pieces of furniture need to be transported. The black handrail was made from a gas pipe. In a so-called "exposure window", it can be seen that the handrail has been covered with eight new layers of paint over the years. "Exposure windows" of the restoration analysis can be found on almost all surfaces throughout the house.

The floor coverings made of natural materials complete the colour concept of the staircase. On the ground floor, the floor is tiled with Solnhofen slab limestone, and the treads of the stairs are made of oak.

der Fußboden mit Solnhofener Plattenkalk gefliest, die Trittstufen der Treppen sind aus Eichenholz.

Jacken, Mäntel und Hüte konnten an Garderobenhaken aufgehängt werden, die in einer Wandnische, gegenüber der Treppe, angebracht waren. Kleinere Gegenstände fanden in den zwei Einbauschränken zwischen den Türen zum Wohnraum bzw. zum Arbeitszimmer Platz.

Jackets, coats and hats could be hung on coat hooks placed in a wall niche, opposite the staircase. Smaller items could be placed in the two built-in cupboards between the doors to the living room and to the study.

Die Architekten ordneten die Räume im Haus nach der logischen Nutzungsreihenfolge. Von der Haustür führt der Weg durch den Flur direkt in die Küche, um die eingekauften Lebensmittel an den Ort ihrer Verarbeitung zu bringen.

Die Arbeitsplätze wurden, vom Taylorismus geprägt, in der knapp 8 m² großen Küche so gestaltet und angeordnet, wie es der Kochablauf erfordert. Die Lebensmittel – oder später das benutzte Geschirr – wurden rechts der Spüle auf der mit schwarzem Linoleum bezogenen Arbeitsfläche abgestellt. Darunterliegende, ausziehbare Bretter vergrößern diese Fläche. Mit der rechten Hand griff die Hausfrau das dort Abgestellte, wusch es und legte es zum Trocknen auf das Abtropfbrett links. Von dort konnte das Geschirr in den über der Spüle hängenden Schrank mit verglasten Schiebetüren geräumt werden. Im rechten Winkel zum Abtropfbrett, unter dem Fenster, schließt sich eine Arbeitsplatte aus Buchenholz an. An der Arbeitsplatte sollte die Hausfrau sitzen, weshalb sie vergleichsweise tief angebracht ist. Durch das Fenster einfallendes Tageslicht beleuchtet diesen Bereich. Das Fenster hat einen Lamellenbereich, der geöffnet für Frischluftzufuhr sorgt. Sollte gründlich gelüftet werden, mussten die Küchenutensilien auf dem Fensterbrett, das etwas niedriger angebracht ist, nicht beiseite geräumt werden. Links unter der Arbeitsplatte befindet sich der Speiseschrank mit Lüftungsschlitzen in der Außenmauer, die für Kühlung sorgen. Links folgen der elektrische Herd und ein raumhoher Einbauschrank. Dieser bietet im oberen Bereich Stauraum, in zwölf Aluminiumschütten wurden trockene Lebensmittel aufbewahrt. Eine Schublade aus Eichenholz war für den Mehlvorrat, eine aus Weichholz (Nadelbaum) für das Salz bestimmt. Im Topfschrank darunter konnten die Töpfe

The architects arranged the rooms in the house according to the logical sequence of their use. From the front door, the way leads through the hallway directly into the kitchen to bring the purchased food to the place where it will be processed.

Influenced by Taylorism, the workplaces were designed and arranged in the almost 8 m² kitchen as required by the cooking process. The groceries – or later the used dishes – were placed to the right of the sink on the work surface covered with black linoleum. Extendable boards underneath enlarged this surface. With her right hand, the housewife took the items placed there, washed them and placed them on the draining board on the left to dry. From there, the dishes could be put into the cupboard with sliding glass doors hanging above the sink. At right angles to the draining board, under the window, there is a beechwood worktop. The housewife was supposed to sit at the worktop, which is why it is comparatively low. Daylight coming in through the window illuminates this area. The window has a slatted section which, when open, provides a supply of fresh air. If the kitchen needs to be thoroughly aired, the kitchen utensils on the window sill, which is mounted a little lower, do not have to be moved aside. To the left under the worktop, there is a food cupboard with ventilation slots in the outer wall to provide cooling. The electric cooker and a floor-to-ceiling built-in cupboard follow further to the left. The latter offers storage space in the upper section; twelve aluminium trays were used to store dry food. One drawer made of oak was for the flour stock, one other made of softwood (conifer) was used for salt. In the pot cupboard below, the pots could be sorted so that they dried there. The ironing board, which folded down from the wall, was placed on the telescopic bar next to the cooker.

so einsortiert werden, dass sie dort trockneten. Das von der Wand klappbare Bügelbrett wird auf der Teleskopstange neben dem Herd abgelegt.

Direkt neben der Küche lag das Wohnzimmer, der Esstisch war maximal drei Meter vom Herd entfernt. „Die Anordnung einer Schiebe- oder Klapptür zwischen Küche und Wohnraum", so Ernst May, „schafft die notwendige enge Verbindung zwischen diesen beiden Haupträumen des Hauses, die der ohne Hausgehilfin arbeitenden Hausfrau ein sauberes und bequemes Wirtschaften in der Küche gestattet [und] gleichzeitig die Überwachung der im Wohnraum spielenden Kinder sichert".[1] Der Kritik, dass die Frau in den neuen Häusern weggesperrt werde – ein Vorwurf, den man der Arbeitsküche machte, u. a. weil man die traditionelle Wohnküche vermisste –, war damit widersprochen.

Die Autorenschaft der Frankfurter Küche schrieb May offiziell Margarete Schütte-Lihotzky zu. Doch neuere Forschungen legen nahe, dass diese Zuweisung vor allem werbetaktische Gründe hatte und kaum den tatsächlichen Gestaltungsprozess beschreibt.[2] Es ist davon auszugehen, dass die Frankfurter Küche ein Gemeinschaftswerk der am Wohnungsbau des Neuen Frankfurt beteiligten Architekten ist.

Right next to the kitchen was the living room, with the dining table no more than three metres away from the cooker. "The arrangement of a sliding or folding door between the kitchen and the living room", according to Ernst May, "creates the necessary close connection between these two main rooms of the house, which allows the housewife, working without a maid, to manage the kitchen cleanly and comfortably [and] at the same time ensures the supervision of the children playing in the living room".[1] The criticism that the woman was locked away in the new houses – an accusation that was made with regard to the work kitchen partly because the traditional living room kitchen was missed – was thus contradicted.

May officially attributed the authorship of the Frankfurt kitchen to Margarete Schütte-Lihotzky. However, recent research suggests that this attribution was primarily for advertising reasons and hardly describes the actual design process.[2] It can be assumed that the Frankfurt kitchen is a joint work of the architects involved in the housing construction of the *Neues Frankfurt*.

**1**—Ernst May, „Grundlagen der Frankfurter Wohnungsbaupolitik". In: *Das Neue Frankfurt*, Heft 7/8, 1928, S. 118

**2**—Christina Treutlein, *Der Architekt Carl-Hermann Rudloff 1890–1949. Ein Protagonist des Neuen Frankfurt*, Berlin 2020

**1**—Ernst May, "Grundlagen der Frankfurter Wohnungsbaupolitik". In: *Das Neue Frankfurt*, issue 7/8, 1928, p. 118

**2**—Christina Treutlein, *Der Architekt Carl-Hermann Rudloff 1890–1949. Ein Protagonist des Neuen Frankfurt*, Berlin 2020

VORN RECHTS
OBERH.
BRATOFEN
UNTERH.

PANIERMEHL
GRUNKERN
BOHNEN
MACCARONI
LINSEN
GRAUPEN
REIS

Das Familienleben fand im Wohnraum statt. Dass er Dreh- und Angelpunkt des Hauses ist, belegen seine Größe – mit 17,8 m² ist er der größte Raum – und seine Erreichbarkeit. Vier Ein- und Ausgänge hat kein anderes Zimmer: Eine Türe verbindet den Wohnraum mit dem (Arbeits-)Zimmer, eine führt auf den Flur und eine hinaus in den Garten. Die vierte Türe schafft eine unmittelbare Verbindung zur Frankfurter Küche.

Mittig im Wohnraum steht der Esstisch, der, wie alle anderen Möbelstücke hier, ein Entwurf von Franz Schuster ist. Die Tischfläche kann bei diesem Modell ganz einfach verdoppelt werden, indem man die obere der beiden übereinanderliegenden und mit Scharnieren verbundenen Platten aufklappt und um 90 Grad gedreht wieder auf den Rahmen legt.

Über dem Esstisch hängt eine von Adolf Meyer (1881–1929) entworfene und von der Firma Zeiss-Ikon hergestellte Deckenleuchte. Der Lampenschirm aus Milchglas ist teilverspiegelt, sodass Streulicht zur gleichmäßigen Ausleuchtung des Raumes an die Decke und ein Lichtkegel nach unten fällt. Zur technischen Ausstattung des Wohnraums gehört neben den Lichtschaltern, der elektrischen Beleuchtung und den Steckdosen auch der Radioanschluss links neben dem Fenster.

Der Fußboden des Wohnraums ist mit braunem Linoleum belegt, die Wände sind tapeziert. Ein bei der Restaurierung gesichertes, etwa münzgroßes Tapetenstück wies darauf hin, dass in diesem Raum bauzeitlich wohl die im *Frankfurter Register 15* beworbene „Billige Bauhaus-Tapete" angebracht war. Die Strukturtapeten wurden von der Hannoverschen Tapetenfabrik Gebrüder Rasch & Co. hergestellt, die sie in den Farben Braun, Orange und Grün zu einem Preis von 1,00 bis 1,50 RM vertrieb. Da es die Tapeten heute nicht mehr gibt, ließ die ernst-may-gesellschaft sie reproduzieren.

Family life took place in the living room. Its size – at 17.8 m² it is the largest room – and its accessibility prove that it is the hub of the house. No other room has four entrances and exits: one door connects it to the adjacent (study) room, one leads to the hallway and one out into the garden. The fourth door creates a direct connection to the Frankfurt kitchen.

In the centre of the living room is the dining table, which, like all the other pieces of furniture here, is designed by Franz Schuster. The table surface of this model can be doubled quite simply by lifting the upper of the two tops, which are one above the other and connected with hinges, and placing it back on the frame, turned by 90 degrees.

A ceiling lamp designed by Adolf Meyer (1881–1929) and manufactured by the Zeiss-Ikon company hangs above the dining table. The frosted glass lampshade is partially mirrored so that scattered light falls on the ceiling for even illumination of the room while a cone of light falls downwards. The technical equipment of the living room includes light switches, electric lighting and sockets, as well as the radio connection to the left of the window.

The floor of the living room is covered with brown linoleum, the walls are wallpapered. A piece of wallpaper about the size of a coin secured during the restoration indicated that the „Inexpensive Bauhaus Wallpaper" advertised in the *Frankfurt Register 15* was probably applied in this room during construction. The textured wallpaper was produced by the Hannoversche Tapetenfabrik Gebrüder Rasch & Co., which sold it in the colours brown, orange and green at a price of 1.00 RM to 1.50 RM. Since the wallpapers are no longer available today, the ernst-may-gesellschaft had them reproduced.

# DAS FRANKFURTER REGISTER 15
## DIE BILLIGEN BAUHAUS-TAPETEN

Muster Nr. b 21. H.

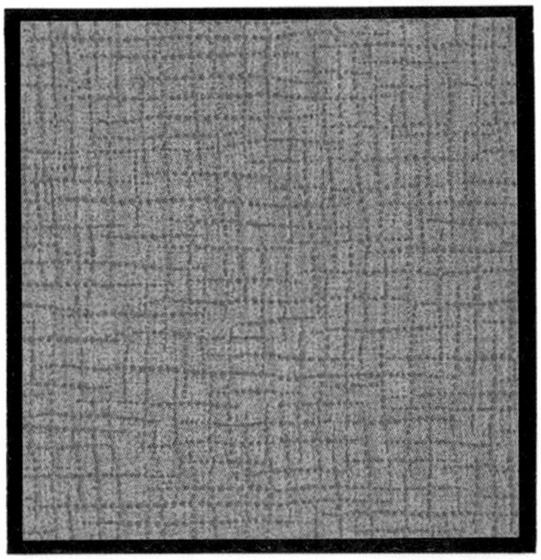

**MUSTER:**

Bauhaustapeten sind unaufdringlich und zurückhaltend gemustert. Die durchweg hellen Farbtöne beruhen auf gemeinsamer Farbenskala. Die Auswahl umfaßt 150 Blatt Leimdruckmuster, die in der blauen Bauhauskarte und 100 Blatt Öldrucktapeten, die in der gelben Karte enthalten sind. Beide Karten sind in Dinformat a 5.

**FARBEN:**

Die verwendeten Farben sind im handelsüblichen Sinne lichtecht (I. G. Farbenindustrie A.-G.). Allerdings erreichen die Tapeten der gelben Öldruckkarte nicht die Lichtbeständigkeit der Tapeten der blauen Karte, da es bisher nicht gelungen ist, Öldruckfarben in demselben Masse lichtecht herzustellen wie Leimdruckfarben. Das Papier der Bauhaustapeten ist 85 g pro qm schwer und von bester Qualität.

**PREISE:**

Der durchschnittliche Preis der Bauhaustapeten beträgt 1 Mark bis 1.50 Mark. Eine Ausnahme machen einige Muster, die etwas teurer, und zwei Muster, die etwas billiger sind. In dieser Sonderpreislage ist das Papier 110 Gramm beziehungsweise nur 70 Gramm schwer.

**WO ERHÄLTLICH!**

In den besseren Spezial-Tapetengeschäften. Daselbst Musterbücher.

Muster Nr. b 19. E.

Muster Nr. b 4. J.

**Hannoversche Tapetenfabrik Gebr. Rasch & Co., G. m. b. H., Bramsche b. Osnabrück**

Beilage zu „Das Neue Frankfurt“ 1930, Heft 9, Verlag Englert und Schlosser, Frankfurt a. M.

DAS FRANKFURTER REGISTER 15,
DIE BILLIGEN BAUHAUS-TAPETEN, 1930

DAS FRANKFURTER REGISTER 15,
THE INEXPENSIVE BAUHAUS WALLPAPERS, 1930

Im Grundriss heißt der fast 12 m² große Raum schlicht „Zimmer". Offensichtlich war dessen Nutzung variabel, sie sollte sich an den Bedürfnissen der Familie orientieren. Häufig wurde er als Arbeitszimmer genutzt, da in diesen Häusern Familien des (oberen) Mittelstands lebten. Unter ihnen waren oft Lehrer und Selbstständige, eine Klientel also, die ein Arbeitszimmer benötigte. Bestand dieser Bedarf nicht, konnte die 5 cm starke, nicht tragende Wand in Leichtbauweise zum Wohnzimmer entfernt werden, sodass ein großzügiger Wohn-Essbereich entstand.

Das Zimmer kann vom Flur und vom Wohnraum aus betreten werden. Auf dem Fußboden ist braunes Linoleum verlegt, die hölzernen Sockelleisten sind grau gestrichen, die Wände waren tapeziert. Neben der Türe zum Flur steht ein grau gestrichener Heizkörper. Die Wand hinter ihm wurde in der gleichen Farbe gestrichen.

Zusätzlich zum Tageslicht, welches durch das große, zur Straße gelegene Fenster in den Raum fällt, war eine künstliche Beleuchtungsquelle mittig an der Zimmerdecke vorgesehen. Die heute angebrachte Deckenleuchte entwarf Ferdinand Kramer in den späten 1920er Jahren. Kramer, der in der Abteilung für Typisierung im städtischen Hochbauamt arbeitete, schuf eine Leuchte mit Stiel und metallisch glänzender Halterung, an der ein opaker Glasschirm befestigt ist. Zur weiteren Ausstattung des Raumes als Arbeitszimmer gehört heute Mobiliar aus dem Aufbaumöbelprogramm von Franz Schuster. Von ihm stammt auch der Entwurf des Schreibtisches aus Eichenfurnier. Davor steht der 1928 von Marcel Breuer (1902–1981) entworfene Freischwingerstuhl mit Armlehnen „B 64 – Cesca".

In the floor plan, the almost 12 m² room is simply called "room" (*Zimmer*). Obviously, its use was variable, according to the needs of the family. It was often used as a study, as (upper-) middle-class families lived in these houses. Among them there were often teachers and the self-employed, a clientele that needed a study. If this need did not exist, the non-load-bearing wall, a lightweight construction 5 cm thick, to the living room could be removed, creating a spacious living-dining area.

The room can be entered from the hallway and the living room. Brown linoleum is laid on the floor, the wooden skirting boards are painted grey, and the walls were wallpapered. Next to the door to the hallway is a radiator painted grey. Behind it, the wall was painted the same colour.

In addition to the daylight that enters the room through the large window facing the street, an artificial lighting source was provided centrally on the ceiling. The ceiling light installed today was designed by Ferdinand Kramer in the late 1920s. Kramer, who worked in the department for typification in the municipal building construction office, created a lamp with a stem and a shiny metallic holder to which an opaque glass shade is attached. Other study room furnishings today include pieces from Franz Schuster's furniture series. He also designed the oak veneer desk. In front of it, there is a "B 64 – Cesca" cantilever chair with armrests designed by Marcel Breuer (1902–1981) in 1928.

DAS FRANKFURTER REGISTER 16, AUFBAUMÖBEL VON PROFESSOR FRANZ SCHUSTER, 1931

DAS FRANKFURTER REGISTER 16, FURNITURE SERIES BY PROFESSOR FRANZ SCHUSTER, 1931

# AUFBAUMÖBEL GESTALTUNGSVIELFALT DURCH KOMBINATIONSMÖGLICHKEITEN

ELISA LECOINTE

Kombinierbar, schlicht, bezahlbar – wer sich im mayhaus umschaut, entdeckt viele rechte Winkel und gerade Linien. Verspielte Formen, Rundungen oder Schnörkel sucht man vergeblich. Stattdessen tritt hier eine moderne Sachlichkeit in den Vordergrund, trifft man auf eher kleinformatiges und schlichtes Mobiliar. Egal ob Stuhl, Tisch, Büfett oder Kleiderschrank, die Möbel im mayhaus weisen Seriencharakter auf und scheinen zusammenzugehören. Sie sind keine Einzelstücke, sondern Systemmöbel aus der Feder des Wiener Architekten und Möbelgestalters Franz Schuster.

Ernst May schätzte Schuster wegen seines Engagements im Siedlungswesen und warb ihn 1927 für Frankfurt an. Schuster war zuvor in Wien an der Planung diverser Siedlungen beteiligt gewesen, die von der Kommune errichtet wurden. Mit der Gestaltung günstiger und platzsparender Möbel für kleine Wohnungen und Häuser beschäftigte er sich bereits sehr früh. Er richtete Musterhäuser und -wohnungen mit eigens entworfenen, zweckmäßigen Möbeln ein und konzipierte Küchen für sogenannte Kleinstwohnungen – einem gerade mal 38 m² großen Wiener Wohntypus für eine drei- bis vierköpfige Familie, mit Wohnküche, Schlafzimmer und WC.

In Frankfurt angekommen, feilte Schuster weiter am Konzept eines zweckmäßigen und kostengünstigen Möbels und trieb es auf die Spitze. Mit dem 1929 publiziertem Werk *Ein Möbelbuch. Ein Beitrag zum Problem des zeitgemäßen Möbels* untermauerte er sein Konzept auf theoretischer Ebene. Das in diesem Rahmen entstandene Programm der „Aufbaumöbel" sollte eine kostengünstige und platzsparende Möglichkeit zur Inneneinrichtung kleiner Wohnungen und Häuser für breite Bevölkerungsschichten bieten, letztendlich auch den Bewohnern der neuen Frankfurter Siedlungen. Schuster verfolgte damit soziale Bestrebungen zur Verbesserung der Wohnsituation besonders der nicht vermögenden Bevölkerungsschichten. Das Gestalten von Massenmöbeln wurde für ihn zu einer zentralen Aufgabe:

## »EINE ZEIT, IN DER IM VORDERGRUND ALLER ÜBERLEGUNGEN UND BEMÜHUNGEN DIE BEWÄLTIGUNG VON MASSEN STEHT, MUSS IHRE EIGENEN METHODEN UND BESONDEREN MITTEL DAFÜR FINDEN.«[1]

Das *Möbelbuch* stellt ein umfangreiches Programm modulbasierter Typenmöbel vor, die aus zwölf Grundelementen bestehen. Rein formal zählen zum Programm zunächst vier Grundformen: Gestell G1, Lade L1, Kasten K1 und das sich davon unterscheidende Regal R. Gestell, Kasten und Lade besitzen eine Breite von 46 cm und eine

Tiefe von 40 cm, die Höhe variiert jeweils. Die gemeinsame Breite und Tiefe der drei ersten Grundformen ermöglicht es, diese aufeinander zu stellen, sodass ein kombiniertes Möbelstück entstehen kann. Zu jeder dieser drei Grundformen kommen zwei Abwandlungen hinzu. So gibt es die einfache Grundform (1) in zweifacher (2) und in dreifacher (3) Ausführung. Das Regal bildet eine Ausnahme, da es nur 27 cm Tiefe hat, dafür aber eine Breite von 90 cm. Die Möglichkeiten, die sich aus diesen zwölf Einheiten ergeben, sind zahlreich. Sie lassen sich zu Kommoden, Büfetts, Anrichten, Nachtschränken oder Regalen kombinieren; es gibt Stühle, Hocker und Bänke. Das Möbelbuch zeigt neben zahlreichen Fotografien auch 60 Zeichnungen zu ganz unterschiedlichen Möglichkeiten.

Konzipiert wurden die Möbel im Auftrag der Gemeinnützigen Hausrat GmbH der Stadt Frankfurt. Sie verkaufte diese ab 1928. Hergestellt wurden sie meist von bis dahin erwerbslosen Handwerkern und von kleineren Betrieben – aus Massivholz und aus Sperrholzplatten. Das Konzept des Aufbaumöbels erfreute sich in den 1930er Jahren großer Beliebtheit auch weit über Frankfurt hinaus. So produzierten zum Beispiel die Möbelhersteller Walter Knoll und Erwin Behr Schusters Möbel und vertrieben sie europaweit.

Erwähnenswert sind Schusters Kleiderschränke in den Schlafzimmern. Der orangefarbene Schrank, der ursprünglich für ein Kinderzimmer gedacht war, ist ein Beispiel dafür, wie sich Schusters Möbel mit so einfachen Mitteln wie einem Farbanstrich variieren lassen.

**1**—Franz Schuster, *Ein Möbelbuch. Ein Beitrag zum Problem des zeitgemäßen Möbels*, Frankfurt am Main 1929, S. 3

# *AUFBAUMÖBEL* FURNITURE SERIES DESIGN VARIETY THROUGH COMBINATION OPTIONS



Combinable, simple, affordable – if you take a look around the mayhaus, you will discover many right angles and straight lines. You won't see any playful shapes, curves or flourishes. Instead, a modern practicality comes to the fore and you will find rather small-format and simple furniture. Whether chair, table, buffet or wardrobe, the furniture in the mayhaus has a serial character and seems to belong together. They are not individual pieces but system furniture from the drawing table of Viennese architect and furniture designer Franz Schuster.

Ernst May held Schuster in high esteem because of his commitment to housing development. He recruited him for Frankfurt in 1927. Previously in Vienna, he had been involved in the planning of various housing estates built by the municipality. Schuster became interested in the design of inexpensive and space-saving furniture for small flats and houses at a very early stage. He furnished show houses and flats with specially designed, practical furniture and designed kitchens for so-called micro flats (*Kleinstwohnungen*) – a type of Viennese flat measuring just 38 m² for a family of three or four, consisting of a kitchen, bedroom and toilet.

Once arrived in Frankfurt, Schuster continued to refine the concept of practical and inexpensive furniture and took it to the extreme. With the 1929 publication *Ein Möbelbuch. Ein Beitrag zum Problem des zeitgemäßen Möbels* (A Furniture Book. A Contribution to the Problem of Contemporary Furniture), he underpinned his concept on a theoretical level. The programme of *Aufbaumöbel* that emerged in this context was intended to provide an inexpensive and space-saving means of furnishing small flats and houses for broad sections of the population, ultimately also for the residents of the new Frankfurt housing estates. Schuster was thus pursuing social endeavours to improve the housing situation especially of the non-wealthy sections of the population. The design of mass-produced furniture became a central task for him:

## »AN AGE IN WHICH THE MANAGEMENT OF MASSES IS IN THE FOREGROUND OF ALL THOUGHT AND EFFORT MUST FIND ITS OWN METHODS AND SPECIAL MEANS FOR THIS TASK.«[1]

The *Möbelbuch* presents a comprehensive programme of module-based typified furniture consisting of twelve basic elements. In purely formal terms, the programme initially includes four basic forms: Frame G1, Drawer L1, Box K1 and the variant of Shelf R. Frame, box and drawer have a width of 46 cm and a depth of 40 cm, the height varies in each case. The common width and depth of the first three basic forms make it possible to place them on top of each other to create a combined piece of furniture. Two variations are added to each of these three basic shapes. The simple basic form (1) is available in a double (2) and a triple (3) version. The shelf is an exception, as it is only 27 cm deep but 90 cm wide. The possibilities that arise from these twelve units are numerous. They can be combined to form chests of drawers, buffets, sideboards, bedside cabinets or shelves; there are chairs, stools and benches. In addition to numerous photographs, Schuster's furniture book also shows 60 drawings of different possibilities.

The furniture was designed on behalf of the Gemeinnützige Hausrat GmbH of the city of Frankfurt. The pieces were mostly made by craftsmen who had formerly been unemployed and by smaller companies – from solid wood and plywood panels. In the 1930s, the concept of built-up furniture enjoyed great popularity far beyond Frankfurt. For example, the furniture manufacturers Walter Knoll and Erwin Behr produced Schuster's furniture and sold it throughout Europe.

Schuster's wardrobes in the bedrooms are worth mentioning. The orange wardrobe, originally intended for a children's room, shows how Schuster's furniture can be varied with such simple means as a coat of paint.

**1**—Franz Schuster, *Ein Möbelbuch. Ein Beitrag zum Problem des zeitgemäßen Möbels*, Frankfurt am Main 1929, p. 3

mayhaus

# ELTERNSCHLAFZIMMER

Im ersten Obergeschoss gibt das große, blau gerahmte, dreigliedrige Fenster den Blick in die Gärten auf der Nordseite des Hauses frei und lässt viel Licht und Luft in den Schlafraum. Zum großzügigen Raumgefühl tragen auch die hellgrün verputzten Wände und eine Raumhöhe bei, die mit 2,6 m (im EG 2,7 m) etwas größer ist als in damaligen Neubauten üblich. Dass die hohen Räume dieses Haustyps eine Referenz zu den Gründerzeitbauten sein sollen, kann hier ausgeschlossen werden – die Zimmer in den Mehrfamilienhäusern verfügen über dieselbe Raumhöhe. Auch die Quadratmeterzahlen der Räume hier unterscheiden sich nur geringfügig von denen der Mehrfamilienhauswohnungen, was auf den demokratischen Grundgedanken des Neuen Frankfurt zurückzuführen ist – nicht das Budget der Bewohner stand im Fokus der Gestaltung, sondern die Grundbedürfnisse des Menschen. Zum Vergleich: Das Schlafzimmer dieses Einfamilienreihenhaustyps hat 17,6 m² und das im Mehrfamilienhaus Typ H' 16 m².

Mittig im Zimmer hängt die von Poul Henningsen (1894–1967) entworfene Glaspendelleuchte PH 3 ½–3. Sie wurde bereits im *Frankfurter Register* beworben.

Die Einrichtung des Raumes ist von den Architekten durch die Anordnung der Steckdosen vorgegeben worden. Das Bett stand an der Ostwand, links und rechts davon waren die Steckdosen für die Nachttischleuchten installiert. Dem Kleiderschrank blieb die Wand neben der Türe zum Kinderzimmer.

Das Schlafzimmer ist mit dem Kinderzimmer verbunden – so konnten die Eltern nachts ohne Umweg nach den Kindern im Nebenzimmer sehen –, und es hat eine Türe zum Badezimmer. Eine dritte Türe führt auf den Flur. Durch die vielen Türen entsteht ein großzügig wirkendes Raumgefüge.

# PARENTS' BEDROOM

On the first floor, the large blue-framed tripartite window provides a view of the gardens on the north side of the house and lets plenty of light and air into the bedroom. The light-green plastered walls and a room height of 2.6 m (2.7 m on the ground floor), which is somewhat above the standard for new buildings of the time, also contribute to the generous feeling of space. The assumption that the high rooms of this house type are supposed to be a reference to the *Gründerzeit* buildings can be ruled out here – the rooms in the apartment buildings have the same height. Also, the square metre size of the rooms here differs only slightly from those in the apartment buildings, which can be attributed to the basic democratic idea of the *Neues Frankfurt*: the focus of the design was not on the budget of the residents but on the basic needs of the people. As a comparison, the bedroom of this single-family row house type has 17.6 m², whereas that in the multi-family house type H' has 16 m².

The glass pendant lamp PH 3 ½–3 designed by Poul Henningsen (1894–1967), which had already been advertised in the *Frankfurter Register*, hangs in the centre of the room.

The arrangement of the room was indicated by the architects through the placement of the sockets. The bed stood on the eastern wall, while the sockets to the bedside lamps were installed to the left and to the right of the bed. The wall next to the door to the children's room remained for the wardrobe.

The bedroom is connected to the children's room – so that the parents could check on the children in the next room at night without diversions – and it has a door to the bathroom. A third door leads to the hallway. The many doors create the impression of a generous room structure.

Die direkten Wege zwischen den Zimmern ermöglichten es, den Flur, der als Verkehrsweg ohne Wohnfunktion vor allem einen Kostenfaktor darstellt, klein zu halten.

The direct routes between the rooms made it possible to minimize the hallway, which, functioning merely as a passage space, is above all a cost factor.

**1**—Beispielsweise der Mehrfamilienhausblock Im Burgfeld 143/145

**1**—For example, the apartment block Im Burgfeld 143/145

Wie im Elternschlafzimmer, in der Kammer und im Flur ist der Fußboden des 13 m² großen Kinderzimmers mit braunem Linoleum ausgelegt. Auch hier sind die Sockelleisten grau. Der blaue Fensterrahmen korrespondiert mit der hellblauen, verputzten Wand. Alle Zimmertüren des Hauses entsprechen dem „Normblatt III" der „Frankfurter Normen für den Wohnungsbau" und sind ein Entwurf der Typisierungsabteilung des Hochbauamts. Sie haben eine Stahlzarge, ein Sperrholz-Türblatt ohne Falz und die von Ferdinand Kramer entworfenen Beschläge.

Unter einigen der ersten Bewohner galt es als unsittlich, wenn Geschwisterkinder verschiedenen Geschlechts in einem Zimmer schliefen. Erst mit der Reformpädagogik der 1920er Jahre wurde darüber nachgedacht, Mädchen und Jungen in einem Raum schlafen zu lassen und nicht zuletzt auch gemeinsam in einer Schulklasse zu unterrichten. Dass es im Haus nur ein Schlafzimmer für Kinder gibt, zeigt erneut den Einfluss damals modernster Positionen, auch in der Pädagogik, auf die Grundrissgestaltung – Positionen, die häufig noch mit den tradierten Gesellschaftsnormen kollidierten.

Das Kinderzimmer des Standard-Typ-D-Hauses war für zwei Kinder geplant. Doch wo sollten kinderreiche Familien wohnen? Für sie sahen die Architekten Sondertypen in den Siedlungen vor. In der Römerstadt lagen diese dort, wo die Hauszeilen aufgrund der Straßenführung einen Knick haben. Das mayhaus war ursprünglich ein Sondertyp; darauf deutet heute der an die Flurwand gemalte Türrahmen hin. Im überbauten Durchgang zwischen den angrenzenden Häusern lagen zwei Zimmer, von denen das größere (ca. 20 m²), gen Süden ausgerichtete, einst zur Hausnummer 136 gehörte. In späteren Umbauten wurde dieser Raum aber dem Nachbarhaus zugeschlagen.

As in the parents' bedroom, the chamber and the hallway, the floor of the 13 m² children's room is covered with brown linoleum. Here too, the skirting boards are grey. The blue window frame corresponds with the light-blue plastered wall. All the room doors in the house comply with "Normblatt III" of the "Frankfurter Normen für den Wohnungsbau" (Frankfurt Standards for Housing Construction) and are a design from the typification department of the building construction office. They have a steel frame, a non-rebated plywood door leaf and fittings designed by Ferdinand Kramer.

Among some of the first residents, it was considered immoral for siblings of different sexes to sleep in the same room. It was not until the progressive educational theories of the 1920s that thought was given to having girls and boys sleep in the same room and also to teaching them together in one school class. The fact that there is only one bedroom for children in the house once more shows the influence of the most modern positions of the time, also in pedagogy, on the floor plan design – positions that often still collided with traditional social norms.

The children's room of the standard Type D house was planned for two children. But where should large families live? For them, the architects envisaged special housing types in the settlements. In the Römerstadt, these were located where the rows of houses have a bend due to the street layout. The mayhaus initially was one of these special type houses; the door frame painted on the corridor wall indicates this today. Above the passageway between the adjacent houses, there were two rooms, the larger of which (approx. 20 m²), facing south, once belonged to house number 136. In later alterations, however, this room was added to the neighbouring house.

Der grüne Wandputz in der Kammer ist, wie auch der im Kinder- und Elternschlafzimmer, nicht bauzeitlich und stammt vermutlich aus der Zeit der amerikanischen Besetzung der Römerstadt nach dem Zweiten Weltkrieg. Restauratorische Untersuchungen legen die Vermutung nahe, dass auch die Schlafräume tapeziert waren. Original ist jedoch der dunkelgraue Ölfarbenanstrich hinter den Heizkörpern bzw. den Heizungsrohren. Letztgenannte münden in den Ausgleichs- bzw. Überlaufbehälter und waren ausreichend, den nur 6 m² großen Raum zu erwärmen. Verglichen mit den anderen Schlafräumen ist die Fensterbrüstung in der Kammer recht hoch. So bot der kleine Raum mehr Stellfläche an der Wand. Dennoch ist das querrechteckige Fenster vergleichsweise groß für diesen Raum, sodass er nicht beengend wirkt.

Aufgrund seiner Größe wird dieser Raum im Grundriss „Kammer" genannt. Es ist ein Bett eingezeichnet, dessen Standort sich aus der Gesamtarchitektur des Hauses ergibt. Unter der Kammer führt eine Treppe nach oben. Der Raum für die Treppe lässt in der Kammer eine Schräge entstehen. Um die Nutzung der ohnehin kleinen Kammer nicht weiter zu beschneiden, suchten die Architekten nach einer Lösung. Sie entwarfen eine Einbautruhe über der Schräge, in welcher man beispielsweise Bettzeug verstauen kann. Da die Schräge aber weiter in den Raum hineinragt als die Truhe tief ist, baute man über den verbleibenden Winkel ein Podest. Das Podest wiederum hat genau die Abmessungen eines Bettes. Auf dem Podest hat sich der originale Linoleumbelag erhalten, die heute vorhandene Truhe ist nicht die bauzeitliche.

The green wall plaster in the chamber, like that in the children's and parents' bedrooms, is not from the building period and probably dates from the time of the American occupation of the Römerstadt after the Second World War. Restoration analyses suggest that the bedrooms were also wallpapered. However, the dark grey oil paint behind the radiators and behind the heating pipes is original. The latter lead into the equalising or overflow tank and were sufficient to heat the room, which was only 6 m² in size. Compared to the other bedrooms, the window sill in the chamber is quite high. Thus, the small room offered more space in front of the wall. Nevertheless, the transverse rectangular window is comparatively large for this room, so it does not feel confining.

Because of its size, this room is called "chamber" in the floor plan. A bed is drawn in the plan, the location of which is determined by the overall architecture of the house. Under the chamber, a staircase leads to the upper floor. The space for the stairs creates a slope in the chamber. In order not to further restrict the use of the already small chamber, the architects looked for a solution. They designed a built-in chest above the slope, in which, for example, bedding can be stored. Since the slope extends further into the room than the depth of the chest, a platform was built over the remaining angle. The platform, in turn, has the exact dimensions of a bed. The original linoleum floor has been preserved on the platform; the chest that is present today is not the one from the period of construction.

1
0
2

„In keiner Frankfurter Kleinwohnung fehlt das Bad oder die Stehbrause. In zahlreichen Wohnungen wurden bereits Waschtische mit fließendem Wasser im Bade als Ersatz für die raumversperrenden Stehwaschtische in den Schlafzimmern eingebaut."

Das Zitat von Ernst May aus der im Juli 1928 erschienenen Ausgabe der Zeitschrift *Das Neue Frankfurt* deutet an, welch großen Fortschritt das eigene Bad als separater Raum in allen Wohnungen des Neuen Frankfurt bedeutete. Die Bewohner mussten nun nicht länger die Schüssel mit Seifenwasser vom Waschtisch zum Ausguss, ein paar Räume weiter, tragen oder in einem Zuber im kalten Keller baden. Und sie mussten sich nicht mehr ein WC auf „halber Treppe" mit den Familien von zwei Etagen teilen. Ein Bad war in Frankfurt von nun an kein Luxus der Reichen mehr, sondern gehörte zum Alltag für weite Teile der Bevölkerung. Es war vor allem ein Zugewinn an Hygiene, um weit verbreiteten Krankheiten wie Diphtherie, Tuberkulose und Typhus den Kampf anzusagen.

Das Bad ist ein schlichter und hygienischer Raum. Er kann vom Schlafzimmer und vom Flur aus betreten werden und verfügt über ein Fenster für frische Luft, eine Heizung, ein WC sowie ein Waschbecken und eine Badewanne mit fließend kaltem Wasser und warmem Wasser aus dem elektrischen Boiler. Der Ölfarbenanstrich in zartem Gelb direkt über den größtenteils noch original verfugt erhaltenen Fliesen korrespondiert farblich mit dem Solnhofener Plattenkalk auf dem Boden.

"No small flat in Frankfurt lacks a bathroom or a standing shower. In numerous flats, washstands with running water have already been installed in the bathroom as a replacement for the room-clogging standing washstands in the bedrooms."

This quote by Ernst May from the July 1928 issue of the magazine *Das Neue Frankfurt* indicates what a great step forward it was to have one's own bathroom as a separate room in all the flats of the *Neues Frankfurt*. The residents no longer had to carry the bowl of soapy water from the washstand to the sink a few rooms away or bathe in a tub in the cold basement. And they no longer had to share a toilet "halfway up the stairs" with families from two floors away. From now on, having a bathroom in Frankfurt was no longer a luxury of the rich, but part of everyday life for large sections of the population. It was above all a gain in hygiene to fight widespread diseases such as diphtheria, tuberculosis and typhus.

The bathroom is a simple and hygienic room. It can be entered from the bedroom as well as from the hallway and has a window for fresh air, a heater and a toilet, as well as a sink and bathtub with hot and cold running water from the electric boiler. The oil paint in a delicate yellow directly above the tiles, most of which are still in their original grouting, corresponds in colour with the Solnhofen slab limestone on the floor.

BRAUSE
WANNE

KOCH-PLATTEN
VORN LINKS
MITTE HINTEN
VORN RECHTS
BRATOFEN
OBERH.
UNTERH.
Prometheus

# DAS EXPERIMENT RÖMERSTADT



Die Römerstadt mit ihren knapp 1200 Haushalten wurde als vollständig elektrifizierte Siedlung geplant und gebaut. Da etwas Vergleichbares 1927 noch nicht existierte, war sie zunächst ein Experiment in Frankfurt und die Bewohner (unfreiwillig) Versuchsteilnehmer. Mit der Einführung des elektrifizierten Haushalts war nicht nur das Ziel verbunden, der Hausfrau die Arbeit zu erleichtern, vielmehr war es eine Etappe auf dem Weg zur schönen, neuen Frau, die sich nicht länger mit physisch belastenden Alltagsarbeiten herumschlagen musste, sondern durch Technik Freiraum erlangte, sich auf höherer, geistiger Ebene weiterzuentwickeln.

Alle Haushalte wurden mit 220-Volt-Drehstrom versorgt, mit dem die Beleuchtung, der Herd und der Warmwasserspeicher betrieben wurden. Zudem gab es in den Wohnungen zahlreiche Steckdosen für den individuellen Gebrauch elektrischer Geräte. Die Stromleitungen lagen unter Putz. Da Vergleiche fehlten, war unklar, wie viel die neue Energie monatlich kosten würde. Von der ABG angestellte Untersuchungen zeigten rasch, dass die Nebenkosten der elektrifizierten Haushalte mit denen vergleichbar waren, die Gas als Energiequelle nutzten, dies auch, weil aufgrund einer Sonderregelung des Elektrizitätswerks den Römerstädtern Nachtstrom zum halben Preis zur Verfügung stand, mit dem zum Beispiel der Heißwasserspeicher im Bad ab 22 Uhr die 80 Liter Wasser auf 90 Grad erwärmte.

Um die Hausfrauen mit dem modernen Elektroherd vertraut zu machen, wurden in der Im Heidenfeld 94 eingerichteten Lehrküche Kochkurse angeboten. Die anfänglichen Zweifel schwanden schnell; die neuen Herde und die Heißwasserspeicher funktionierten tadellos und waren um ein Vielfaches bequemer, sicherer und hygienischer als vergleichbare gas- oder kohlebetriebene Einrichtungen. „Elektrischer Kuchen soll gar nicht schlecht sein", so eine Meinung von 1928.[1] Für den Fall, dass das Experiment der elektrifizierten Römerstadt scheitern sollte, wählten die Verantwortlichen mit dem Prometheus-Herd ein Modell, das neben den drei elektrischen Herdplatten auch noch einen Kohleteil mit zwei Herdplatten hatte. Eigentlich war dieses Modell für Wohnungen ohne Zentralheizung gedacht und der Anbau sollte die Küche heizen. In der Römerstadt diente der Kohleteil als „Reserve bei außergewöhnlicher Inanspruchnahme des elektrischen Herdteils oder für den kaum zu befürchtenden Fall des Ausbleibens der Stromzufuhr."[2]

ANZEIGE „JEDER HÖRT RUNDFUNK", UNDATIERT

ADVERTISEMENT "EVERYBODY LISTENS TO THE RADIO", UNDATED

Zur elektrischen Ausstattung der Wohneinheiten ist auch der Radioanschluss zu rechnen. Er war bereits erprobt, denn die erste Anlage dieser Art in Deutschland wurde im Sommer 1927 in der ABG-Siedlung in Niederrad eingerichtet. Für die Rundfunk-Zentralanlage der Firma Siemens & Halske war eine Antenne auf dem Dach der Schule in der Hadrianstraße montiert. Die dort empfangenen hochfrequenten Wellen wurden als niederfrequente Energie an die Haushalte weitergeleitet. Über den Hausanschluss im Keller gelangte sie durch Bleikabel in den Wohnraum. In die Steckdose dort mussten die Rundfunkteilnehmer Kopfhörer oder Lautsprecher einstecken. Der Radioanschluss war nicht bei allen beliebt und oftmals Anlass für Klagen wegen Lärmbelästigung, worauf die ABG in ihrem Mitteilungsblatt wiederholt zur Rücksichtnahme mahnte, da „besonders in den neuen Siedlungen es mit dem Schließen der Fenster allein nicht getan ist. Die neuere Bauweise bringt zum Teil eine größere Hellhörigkeit mit sich".[3]

»DA DER MENSCH KEINE DENKMASCHINE IST, MUSS DIE WOHNUNG SO BESCHAFFEN SEIN, DASS SIE IHN AUCH GEFÜHLSMÄSSIG BEFRIEDIGT.«

»SINCE MAN IS NOT A THINKING MACHINE, THE DWELLING MUST BE SUCH THAT IT ALSO SATISFIES HIM EMOTIONALLY.«

Ernst May, 1930

**1**—Coc.: „Die elektrische Römerstadt. Amerika vor den Toren". In: *Frankfurter Central-Anzeiger*, 18.8.1928

**2**—„Elektrizität in der Siedlung Römerstadt". In: *Das Neue Frankfurt*, Heft 7/8, 1928, S. 160

**3**—„Erhebliche Belästigung durch Lautsprecher". In: *Die Siedlung*, Heft 7, 1929, S. 9

# THE RÖMERSTADT EXPERIMENT



The Römerstadt housing estate with its almost 1200 households was planned and built as a fully electrified urban development. Since anything comparable did not yet exist in 1927, it was initially an experiment in Frankfurt and the residents were (involuntarily) test participants. The introduction of the electrified household was not only connected with the goal of making the housewife's work easier, it was furthermore a stage on her way to becoming a beautiful, new woman who no longer had to struggle with physically burdensome everyday tasks, but who gained freedom through technology in order to mature on a higher, spiritual level.

All households were supplied with 220-volt three-phase current, which powered the lighting, the cooker and the hot water tank. In addition, there were numerous sockets in the flats for the individual use of electrical appliances. The power lines were under plaster. In the absence of comparisons, it was unclear how much the new energy would cost per month. Investigations carried out by the ABG quickly showed that the ancillary costs of the electrified households were comparable to those using gas as an energy source. This was partly due to a special regulation of the electricity company, which made night electricity available to the residents of the Römerstadt at half price, with which, for example, the hot water tank in the bathroom heated the 80 litres of water to 90 degrees from 10 pm.

To familiarise housewives with the modern electric cooker, cooking courses were offered in the training kitchen set up at Im Heidenfeld 94. Initial doubts quickly faded; the new cookers and hot water tanks worked flawlessly and were much more convenient, safe and hygienic than comparable gas- or coal-fired equipment. "They say electric cake is not bad at all," was one opinion voiced in 1928.[1] In case the experiment of the electrified Römerstadt should fail, the planners chose the Prometheus cooker, a model that, in addition to the three electric hotplates, also had a coal section with two hotplates. Actually, this model was intended for flats without central heating, and the extension was to heat the kitchen. In the Römerstadt, the coal section served as a "reserve in case of extraordinary utilisation of the electric cooker section or for the improbable case of failure of the power supply."[2]

The electrical equipment of the housing units also includes the radio connection. This had already been tried and tested, as the first system of this kind in Germany was set up in the ABG housing estate in Niederrad in the summer of 1927. An antenna was mounted on the roof of the school in Hadrianstraße for the central radio system of the Siemens & Halske company. The high-frequency waves received there were transmitted to the households as low-frequency energy. Via the house connection in the cellar, it reached the living room through lead cables. Radio subscribers had to plug headphones or loudspeakers into the socket there. The radio connection was not popular with everyone and was often the cause of complaints about noise pollution, whereupon the ABG newsletter repeatedly urged tenants to be more considerate, since "especially in the new housing estates, closing the windows alone is not enough. Some of the newer construction methods result in the rooms being less sound-proof".[3]

**1**—Coc.: "Die elektrische Römerstadt. Amerika vor den Toren". In: *Frankfurter Central-Anzeiger*, 18.8.1928

**2**—"Elektrizität in der Siedlung Römerstadt". In: *Das Neue Frankfurt*, issue 7/8, 1928, p. 160

**3**—"Erhebliche Belästigung durch Lautsprecher". In: *Die Siedlung*, issue 7, 1929, p. 9

1
0
2

Das mayhaus ist komplett unterkellert. Im zur Straße gelegenen Heizungsraum stand einst die mit Kohle betriebene Zentralheizungsanlage. Über ein Fenster konnten die vor dem Haus abgeladenen Kohlen direkt in den mit einer Mauer von der Anlage abgetrennten Vorratsbereich geschaufelt werden.

Im Vorratskeller nebenan lagerte die Familie ihre Lebensmittel. Die hölzerne Luftschutztüre mit doppelter Verriegelung stammt aus der Zeit des Zweiten Weltkriegs. Hier sollte die Familie Schutz finden bzw. im Falle eines Bombeneinschlags über einen in die Wand zum Nachbarhaus geschlagenen Durchbruch entkommen können. Der Schriftzug „Notausgang" hat sich über dem längst wieder zugemauerten Loch erhalten.

Die Waschküche liegt zwei Stufen tiefer als der übrige Keller. So wurde nicht das gesamte Untergeschoss geflutet, wenn die Hausfrau nach dem Wäschewaschen das Wasser aus dem mit Holzfeuer beheizten Waschkessel über ein Ventil abließ, das dann durch einen Gully abfließen konnte. Auch wenn es regnete, rann durch den Türschlitz zur Außentreppe gelegentlich Wasser in die Waschküche, denn hier führt ein Ausgang direkt hinauf in den Garten. In der Waschküche gab es bei diesem Haustyp zudem eine zweite Toilette. Sie wurde für die Nutzung im Musterhaus mittels einer neuzeitlich eingebauten Kabine vom übrigen Raum abgeschirmt.

The mayhaus has a full cellar. The central heating system, which ran on coal, was once located in the heating cellar facing the street. Through a window, the coal unloaded in front of the house could be shovelled directly into the storage area, which was separated from the plant by a wall.

In the storage room next door to the heating cellar, the family kept their food. Its wooden air-raid door with double locking dates from the time of the Second World War. The family was supposed to find shelter here or, in the event of a bomb attack, to be able to escape through a breach cut into the wall of the neighbouring house. The inscription "Notausgang" (emergency exit) has survived above the hole, which has long since been bricked up again.

The laundry room is two steps lower than the rest of the basement. This prevented the entire basement from being flooded when the housewife, after washing clothes, drained the water from the wood-fired washing kettle via a valve so that it could run off in the gully. Even when it rained, water occasionally ran into the laundry room through the door slit to the outside stairs, since an exit leads directly up into the garden. This house type also had a second toilet in the laundry room. In order to provide a toilet for the house museum, it was screened off from the rest of the room by means of a cabin that was installed in modern times.

auf
zu
auf
zu

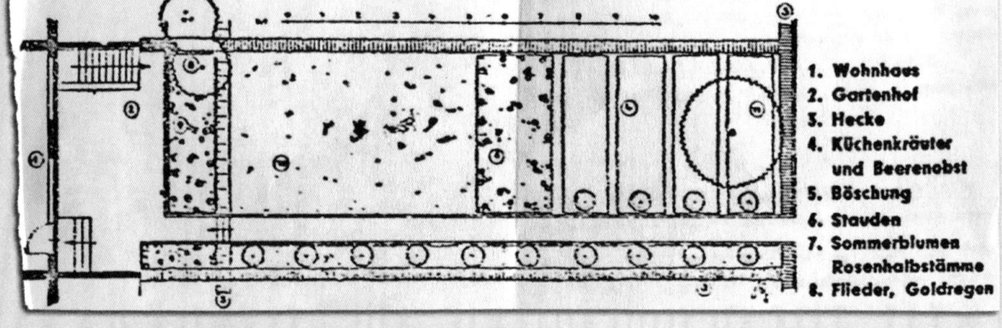


HAUSGARTEN DER SÜDLAGENTYPEN, 1929/30 /
HOME GARDEN OF THE SOUTH FACING HOUSE TYPE, 1929/30
GARTENPLAN NACH LEBERECHT MIGGE, 1929 /
GARDEN PLAN ACCORDING TO THE DESIGN OF LEBERECHT MIGGE, 1929

Grünflächen, die in der Zeit zwischen 1925 und 1930 angelegt wurden, finden sich überall im Frankfurter Stadtgebiet. Die Hausgärten waren ein fester Bestandteil des städtischen Grünflächenplans. Um deren ursprüngliche Gestaltung wieder sichtbar zu machen, wurde der Hausgarten – wie auch das mayhaus – nach Befunden und historischen Quellen in den Zustand von 1928 zurückgeführt. Ein Überblick zum Aufbau dieses 130 m² großen Stücks Siedlungsgrün zeigt, wie akribisch geplant und funktionell durchdacht die Hausgärten waren. Um die Siedlungsbewohner zu informieren und zu schulen, wurde der Gartengrundriss mit Pflanzschema 1929 in der Zeitschrift *Die Siedlung* veröffentlicht.

Mit einem Schritt aus dem Wohnzimmer des Reihenhauses gelangen die Mieter auf die Terrasse, die als Erweiterung des Wohnraumes dient. Bemerkenswert ist das Beschattungssystem, das aus gespannten Drähten besteht, die heute einem Weinstock Halt geben. Seine Blätter bieten im Sommer Schatten für Terrasse und Wohnzimmer und regulieren so die Innentemperatur ganz natürlich, sozusagen als Ausgleich zu den großen, einfachverglasten Fenstern. Im Herbst fällt das Laub und im Winter kann die Sonne ungehindert in die Wohnräume dringen, sie belichten und erwärmen.

Die Terrasse wird von einem Staudenbeet mit Ziersträuchern und saisonalen Schnittblumen begrenzt. Die sich anschließende Rasenfläche war ein bewusst eingerichteter Platz für Gymnastik und Kinderspiel an frischer Luft sowie für das Bleichen der Wäsche. Ein interessantes Detail sind die fest installierten Ständer für Wäscheleinen am Rande des Gartens.

Auf den Beeten des Nutzgartenteils konnten Küchenkräuter und Gemüse zur Selbstversorgung angebaut werden. Abschließend, zum Gartenweg hin, der zwischen zwei spiegelbildlich angeordneten Siedlungsreihen entlangführt, steht ein Obstbaum vor einem kleinen Hang, der sich besonders für Erdbeerpflanzen eignet. Entlang der Grenze zum Nachbarn befindet sich ein weiteres Beet für Beerenobst und Staudenunterbepflanzung.

Der Grundriss für die Hausgärten wurde, wie das gesamte Grünkonzept der Römerstadt, von Leberecht Migge (1881–1935) entwickelt. Bei der Gestaltung der Hausgärten galt es, zwischen den Vorzügen eines eigenen Gartens als Lebensraum und Versorgungsgrundlage und den Anforderungen der angrenzenden privaten, halböffentlichen und öffentlichen Flächen abzuwägen. Der Garten am mayhaus wird zum westlich gelegenen Gehweg mit einer Betonmauer abgegrenzt, die auch als Windschutz dient. Zu den Nachbarn auf der östlichen Seite und zum Gartenweg wächst eine Hecke, die der Planung nach nur eine Höhe von 80 cm haben sollte. So wurde beim Blick über die Gärten hinweg ein Gefühl von Größe und Weite vermittelt, das die bescheidene Größe des Eigenen im Gemeinschaftlichen aufgehen ließ und zugleich eine Verbindung zu den Nachbarn herstellte.

Der Garten am mayhaus zeigt durch seine Bepflanzung mit vorwiegend historischen Sorten die Vielfalt und den Wissensschatz eines modernen Gartenplans der 1920er Jahre, von dem man sich heute noch inspirieren lassen kann.

# HOME GARDEN

ANNIKA SELLMANN

Green spaces created in the period between 1925 and 1930 can be found all over Frankfurt. The home gardens were an integral part of the city's urban green space plan. In order to make their original design visible again, the home garden – like the mayhaus – was restored to its 1928 condition according to findings and historical sources. An overview of the structure of this green area 130 m² in size shows how meticulously planned and functionally thought-out the home gardens were. In order to inform and educate the housing estate residents, the garden layout with a planting scheme was published in the magazine *Die Siedlung* in 1929.

With one step from the living room of their row house, the tenants reach the terrace, which serves as an extension of the living space. The shading system is remarkable, consisting of tensioned wires that today provide support for a vine. Its leaves provide shade for the terrace and the living room in summer, regulating the indoor temperature naturally, in this way balancing the large, single-glazed windows. In autumn the leaves fall, and in winter the sunlight can flow unhindered into the living rooms, illuminating and warming them.

The terrace is bordered by a perennial bed with ornamental shrubs and seasonal cut flowers. The adjoining lawn was a space deliberately arranged for gymnastics and children's play in the fresh air, as well as for bleaching laundry. An interesting detail can be found in the permanently installed stands for clotheslines at the edge of the garden.

On the beds of the garden, kitchen herbs and vegetables could be grown for self-sufficiency. Finally, towards the garden path that runs between two rows of housing developments arranged in mirror image, there is a fruit tree in front of a small slope that is particularly suitable for strawberry plants. Along the border with the neighbour is another bed for soft fruit and perennial underplanting.

The layout for the home gardens, like the entire green concept of the Römerstadt, was developed by Leberecht Migge (1881–1935). In designing the home gardens, it was necessary to weigh up the advantages of having one's own garden as a living space and supply base against the requirements of the adjoining private, semi-public and public spaces. The garden at the mayhaus is bordered to the west by a concrete wall that also serves as a windbreak. A hedge grows towards the neighbours on the eastern side and towards the garden path, which according to the planning was not allowed to exceed a height of 80 cm. Thus, when looking across the gardens, a feeling of grandeur and expanse was conveyed that allowed the modest size of one's own to merge into the communal and at the same time created a connection to the neighbours.

With its planting of predominantly historical varieties, the garden at the mayhaus shows the diversity and wealth of knowledge of a modern garden plan of the 1920s, from which one can still draw inspiration today.

# KLEIN-
# GARTEN

ANNIKA SELLMANN

# ALLOTMENT
# GARDEN

KLEINGARTENANLAGE IM OSTEN DER RÖMERSTADT MIT LAUBEN VON MARGARETE SCHÜTTE-LIHOTZKY, 1928 /
ALLOTMENT GARDENS IN THE EAST OF THE RÖMERSTADT WITH SHEDS BY MARGARETE SCHÜTTE-LIHOTZKY, 1928

Östlich der Römerstadt, zwischen Nidda und der fächerartig aufgeweiteten Siedlungsstruktur, befindet sich die Kleingartenkolonie Heddernheim. Die dort 1927/28 angelegten Gärten wurden vornehmlich für die Bewohner der Mehrfamilienhausblocks geschaffen, die keinen eigenen Hausgarten hatten. Dass neben Licht, Luft und Sonne auch Grün eine wichtige Grundfeste für das Leben im Neuen Frankfurt war, wird im Mustergarten in Parzelle 16 auf 270 m² bepflanzter Nutzfläche und anhand einer erhaltenen Laube anschaulich. Die auf dieser Parzelle kultivierten Pflanzen – fast ausschließlich alte Sorten – folgen in Aufteilung und Pflanzfolge ganz dem historischen Vorbild.

Der Garten in der Stadt erfüllte während der Zeit der Weimarer Republik gesellschaftlich stabilisierende Funktionen. Die Kleingärten waren mit Tätigkeiten verbunden, die als wertvoller Ausgleich zur Lohnarbeit gesehen wurden. Die Arbeiter konnten zudem durch Selbstversorgung mit Obst und Gemüse ihre Existenz sichern. Gerade während des Ersten Weltkriegs und in den Jahren danach war der Anbau von Nahrungsmitteln für viele lebenswichtig geworden.

Unter Mays Direktion entstanden, in Anlehnung an die Ideen der englischen Gartenstadtbewegung, durchgrünte Siedlungen. Als im Rahmen der großflächigen Stadtplanung die ersten Kleingartendaueranlagen geplant wurden, war nicht nur die Stadt bestrebt, die Pachtgärten ordentlich und einheitlich zu gestalten. Es gab auch in den Kleingartenverbänden Stimmen, die sich für sorgfältig strukturierte und offen zugängliche Anlagen aussprachen, um die öffentliche Wahrnehmung ihres Anliegens zu verbessern und dem Bild elend bebauter Stadtrand-Äcker entgegenzuwirken.

Wichtige Verfechter der Kleingärten waren neben May auch Max Bromme (1878–1974), Leiter der Abteilung Gartenwesen im Siedlungsamt, und Leberecht Migge, der einen ausführlichen Bericht zur Grün-Politik der Stadt verfasste. Während Bromme auch der Naturschutz ein wichtiges Anliegen war, setzte sich Migge für funktionale, durchrationalisierte Gärten ein, falls nötig auch zulasten weniger effizienter Anlagen. Bevor die Kleingärten der Römerstadt verpachtet wurden, ließ das Siedlungsamt auf jeder Zelle Grundstrukturen anlegen. Die Abteilung Gartenwesen erarbeitete „Typenblätter", die eine ideale Gartenaufteilung vorgaben. Der Bewirtschaftungsplan für Feldparzellen aus dem Jahr 1931 zeigt beispielsweise, wie eine vierköpfige Familie sich mithilfe mehrfacher Fruchtfolgen und Düngung mit Obst und Gemüse versorgen konnte.

Auf jeder Parzelle wurde in Eigenbau eine normierte, von Margarete Schütte-Lihotzky entworfene Gartenlaube von knapp 4 m² Grundfläche mit Werkzeugschrank und Fahrradschuppen errichtet. Die Architektin entwickelte vier Laubentypen, die im September 1927 als Frankfurter Norm für Kleingartenbauten vom Hochbauamt herausgegeben wurden. Ähnlich ihrer als „Labor" bezeichneten Frankfurter Küche sollten auch die modernen Gärten, einer fein abgestimmten Maschine gleich, den größtmöglichen Ertrag durch optimalen Einsatz der Mittel hervorbringen.

East of the Römerstadt, between the Nidda and the fan-like, widened structure of the housing estate, is the Heddernheim allotment garden colony. The gardens laid out there in 1927/28 were primarily created for the residents of the apartment blocks who did not have their own home garden. The fact that, in addition to light, air and sun, green space was an important foundation for life in the *Neues Frankfurt* is illustrated in the model garden in plot 16 on 270 m² of planted area and by means of a preserved allotment shed. The plants cultivated in this plot – almost exclusively old varieties – follow the historical model in terms of division and planting sequence.

The garden in the city fulfilled socially stabilising functions during the Weimar Republic. The allotment gardens were places associated with activities that were seen as valuable compensation for wage labour. Workers were also able to secure their existence through self-sufficiency in fruit and vegetables. Especially during and after the First World War the cultivation of food had become vital for many.

Under May's direction, green housing estates were built, following the ideas of the English garden city movement. When the first permanent allotment gardens were planned as part of large-scale urban planning, it was not only the city that endeavoured to make the allotment gardens neat and uniform. There were also voices in the allotment garden associations in favour of carefully structured and openly accessible sites in order to improve the public perception of their cause and to counteract the image of poorly cultivated city fringe fields.

Besides May, important advocates of allotment gardens were Max Bromme (1878–1974), head of the gardening department in the housing office, and Leberecht Migge, who wrote a detailed report on the city's green policy. While Bromme was also concerned with nature conservation, Migge advocated functional, thoroughly rationalised gardens, if necessary at the expense of less efficient facilities. Before the allotment gardens in the Römerstadt were leased out, the siting office had basic structures laid out on each cell. The gardening department drew up "type sheets" that specified an ideal garden layout. The cultivation plan for field plots from 1931, for example, shows how a family of four could provide itself with fruit and vegetables with the help of multiple crop rotations and fertilisation.

On each plot, a standardised garden shed designed by Margarete Schütte-Lihotzky with a floor area of just under 4 m² and a tool cupboard and bicycle shed was built by the family. The architect developed four types of allotment sheds, which were published in September 1927 as the Frankfurt standard for allotment garden buildings by the municipal building construction office. Similar to her Frankfurt kitchen, which she called a "laboratory", the modern gardens were to produce the greatest possible yield through the optimal use of resources, like a finely tuned machine.

»FRANKFURT HAT NIE AUFGEHÖRT, EINE GRÜNE STADT ZU SEIN.«

»FRANKFURT NEVER STOPPED BEING A GREEN CITY.«

Herbert Boehm, 1930

16
Neues Frankfurt: Grünes Frankfurt
Mustergarten der 1920er Jahre mit Gartenlaube der Wiener Architektin Margarete Schütte-Lihotzky, bekannt auch durch die „Frankfurter Küche"
ernst-may-gesellschaft e.V.
Im Burgfeld 136, 60439 Frankfurt-Römerstadt
069-15 343 883, www.ernst-may-gesellschaft.de

# DIE ERNST-MAY-GESELLSCHAFT

ULRIKE MAY

# THE ERNST-MAY-GESELLSCHAFT

SCHLÜSSELÜBERGABE DURCH DIE ABG FRANKFURT HOLDING AN DIE ERNST-MAY-GESELLSCHAFT MIT FRANK JUNKER, ECKHARD HERREL, DIETRICH PRESSEL, ULRIKE MAY UND ULRICH KUHLENDAHL (V.L.N.R.), 16. MÄRZ 2005 /
HANDING OVER THE KEYS FROM ABG FRANKFURT HOLDING TO ERNST-MAY-GESELLSCHAFT WITH FRANK JUNKER, ECKHARD HERREL, DIETRICH PRESSEL, ULRIKE MAY AND ULRICH KUHLENDAHL (F.L.T.R.), 16 MARCH 2005

# DIE ERNST-MAY-GESELLSCHAFT UND DAS MAYHAUS VOM BEWOHNTEN HAUS ZUM BEGEHBAREN OBJEKT

Als im Januar 2003 die ernst-may-gesellschaft mit dem Ziel gegründet wurde, ein Siedlungshaus aus der Zeit des Neuen Frankfurt weitgehend in seinen Originalzustand zurückzuversetzen, war diese Idee nicht neu. Die ABG Frankfurt Holding hatte bereits 1997 einen Versuch gestartet, ein Haus der Siedlung Römerstadt als Musterhaus zugänglich zu machen, und Ende 2000 wurde im Ortsbeirat 5 (Niederrad, Oberrad und Sachsenhausen) der Wunsch geäußert, eine Museumswohnung mit originaler Möblierung in Niederrad zu schaffen. Um das Problem der Wohnraumzweckentfremdung zu umgehen, tauchte zwischenzeitlich zudem der Gedanke auf, in einem ehemals gewerblich genutzten Raum, z. B. in der Siedlung Bornheimer Hang, das Neue Frankfurt museal zu präsentieren.

Ein Antrag der Grünen im August 2001 brachte die Sache in Schwung und führte zu einem Beschluss der Stadtverordnetenversammlung. Darin wurde der Magistrat aufgefordert, die ABG anzuweisen, ein geeignetes Objekt zur Umnutzung als Musterhaus oder -wohnung zur Verfügung zu stellen und die Wohnraumzweckentfremdung aus kulturellen Belangen zu beantragen. Gleichzeitig erging eine Einladung der ABG an eine Gruppe von Fachleuten zum Neuen Frankfurt – Architekten, Denkmalpfleger und Wissenschaftler – zur Besichtigung des leerstehenden, in relativ originalem Zustand erhaltenen Hauses Im Burgfeld 36 in der Römerstadt. Im Historischen Museum Frankfurt, als dessen Dependance man sich das Musterhaus vorstellte, entstand daraufhin ein erstes Nutzungskonzept. Es wurde eine Arbeitsgruppe zur weiteren Planung eingesetzt, aber faktisch verlief das Projekt erst einmal wieder im Sande.

An dieser Stelle traten die Architekten Christian Schweitzer und Dietrich Pressel auf den Plan, die sich Gedanken machten über die Architektur der Stadt, in der sie lebten, und über die Frage, was uns das Neue Frankfurt für unsere Arbeit heute sagt. Sie vernetzten sich mit Architekten und Kunsthistorikern, u. a. Eckhard Herrel, der über Ernst May in Afrika promoviert hatte, Christoph Mohr, Autor zum Neuen Frankfurt und hessischer Landesdenkmalpfleger, Ulrich Kuhlendahl vom städtischen Hochbauamt, DW Dreysse, Kenner und engagierter Architekt in Sachen Neues Frankfurt, und Ulrike May, die als Mitarbeiterin des Historischen Museums das frühe Konzept geschrieben hatte. Es war klar, dass man die Organisationsform eines Vereins wählen musste, um das gemeinsame Anliegen weiterzuverfolgen, und so kam es an einem kalten Januarabend im Jahr 2003 in einer Privatwohnung im Bahnhofsviertel zur Gründung der ernst-may-gesellschaft. Neben der Idee des Musterhauses als begehbares Objekt im Maßstab 1:1 bestand auch der Wunsch, eine breite Forschung zum Neuen Frankfurt mit aktuellen Bezügen zu fördern. So definierte man das zweite Vereinsziel – ein Wohnstipendium –, dessen Umsetzung aber bald die Kapazität ehrenamtlichen und nebenberuflichen Engagements überstiegen, sodass man sich auf die Realisierung des Musterhauses konzentrierte.

Zu Beginn ihrer Aktivitäten machte sich die Gesellschaft auf die Suche nach Verbündeten innerhalb der Fraktionen des Römers, die nun das Projekt einer privaten Initiative mittragen und die Verhandlungen mit der ABG, Eigentümerin der meisten Siedlungen, unterstützen würden. Ein Architekturmodell zweier benachbarter Häuser aus einer Straßenzeile der Siedlung Römerstadt half bei der Vorstellung des Konzepts und machte dieses im wahrsten Sinne des Wortes „begreifbar". Durch eine wirkungsvolle Öffentlichkeitsarbeit gewann man weitere Unterstützer und erhöhte den Druck auf die politischen Entscheidungsträger und vor allem auf die ABG, die trotz des einstigen Beschlusses der Stadtverordnetenversammlung dem Projekt skeptisch gegenüberstand. Man argumentierte mit der hohen Zahl an Bewerbungen für die Häuser in der Römerstadt und den zu erwartenden Störungen für die Nachbarn. Der Vorschlag eines Ausstellungsraums in Bornheim wurde erneut aufgegriffen, doch, wie verschiedene Unterstützer auch in den Römer-Fraktionen klar machten, ging es um die Idee eines Siedlungshauses als begehbares Objekt. Ende 2004 konnte dann auch die damalige Oberbürgermeisterin und Aufsichtsratsvorsitzende der ABG, Petra Roth, überzeugt werden, woraufhin sich bald ein passendes Reihenhaus in der Siedlung Römerstadt fand. Das Haus Im Burgfeld 136, das der Verein im März 2005 anmieten konnte, war aufgrund seiner Lage und der Ausstattung äußerst geeignet. Mehr als einen Wermutstropfen bedeutete allerdings die reguläre Miete, die die städtische Wohnungsbaugesellschaft verlangte. Ein noch im gleichen Jahr bewilligter Zuschuss aus dem städtischen Kulturhaushalt floss von da an vorrangig in die Mietzahlung.

Mit viel Idealismus und vermutlich auch einer gewissen Blauäugigkeit wurden in den kommenden Jahren unzählige ehrenamtliche Arbeitsstunden u. a. in die Planung, die Suche nach Finanzierungsmöglichkeiten, aber auch nach originalen Ausstattungselementen und immer wieder in handwerkliche Arbeit zur denkmalgerechten Sanierung des Hauses investiert. Das hessische Landesamt für Denkmalpflege, das Denkmalamt Frankfurt und die Deutsche Stiftung Denkmalschutz sowie zahlreiche Firmen und Privatleute erwiesen sich bald als verlässliche Partner und Finanziers des aufwendigen Unternehmens. Sieben Jahre nach Vereinsgründung konnte am 27. Juli 2010, dem 124. Geburtstag Ernst Mays, das mayhaus endlich eröffnet werden, vermutlich das „am gründlichsten untersuchte und am sorgfältigsten restaurierte Wohnhaus der 1920er Jahre in Hessen", so der langjährige engagierte Vorstandsvorsitzende Eckhard Herrel.

EINBAU DER REKONSTRUIERTEN FENSTER, 2007

INSERTING RECONSTRUCTED WINDOWS, 2007

# THE ERNST-MAY-GESELLSCHAFT AND THE MAYHAUS FROM INHABITED HOUSE TO ACCESSIBLE OBJECT



When the ernst-may-gesellschaft was founded in January 2003 with the aim of restoring a house from the *Neues Frankfurt* period to its original condition as closely as possible, this idea was not new. The ABG Frankfurt Holding had already started an attempt in 1997 to make a house from the Römerstadt estate accessible as a house museum, and at the end of 2000 the local council 5 (Niederrad, Oberrad and Sachsenhausen) expressed the wish to create a museum flat with original furnishings in Niederrad. In order to circumvent the problem of the misuse of residential space, the idea of presenting the *Neues Frankfurt* as a museum in a former commercial space, e.g. in the Bornheimer Hang housing estate, also emerged in the meantime.

A motion by the Green Party in August 2001 got things moving and led to a resolution by the city council. This called on the magistrate to instruct the ABG to make a suitable property available for conversion as a house or flat museum, and to apply for a housing-purpose alienation permission for cultural reasons. At the same time, the ABG issued an invitation to a group of experts on the *Neues Frankfurt* – architects, monument conservators and academics – to visit the vacant house Im Burgfeld 36 in the Römerstadt, which had been preserved in relatively original condition. The Historisches Museum Frankfurt, whose branch the house museum was envisaged to be, then developed an initial concept for its use. A working group was set up for further planning, but in fact the project fizzled out again for the time being.

At this point, the architects Christian Schweitzer and Dietrich Pressel came on the scene, thinking about the architecture of the city they lived in and about the question what the *Neues Frankfurt* can say to us for our work today. They networked with architects and art historians, including Eckhard Herrel, who had written a doctoral thesis on Ernst May in Africa, Christoph Mohr, author on the *Neues Frankfurt* and Hessian state monument conservator, Ulrich Kuhlendahl from the municipal building construction office, DW Dreysse, committed architect and *Neues Frankfurt* expert, and Ulrike May, who had written the early concept as an employee of the Historisches Museum. It was clear that the organisational form of an association would have to be chosen in order to pursue the common cause, and so it was on a cold January evening in 2003 in a private flat in the Central Station district that the ernst-may-gesellschaft was founded. In addition to the idea of the house museum as a walk-in object on a scale of 1:1, there was also the desire to promote broad research on the *Neues Frankfurt* with contemporary references. Thus, the second goal of the society – a residential scholarship – was defined, but its realisation soon exceeded the capacities of voluntary and part-time commitment, so that the focus was directed at the realisation of the house museum.

At the beginning of its activities, the society set out to find allies within the parliamentary groups of the Römer city hall who would now support the project of a private initiative and assist in the negotiations with the ABG, owner of most of the housing estates. An architectural model of two neighbouring houses from a row of streets in the Römerstadt estate helped present the concept and made it possible to grasp it in the truest sense of the word. Effective public relations work won further supporters and increased the pressure on the political decision-makers and especially on the ABG, which was sceptical about the project despite the former decision of the city council. Their arguments were based on the high number of applications for the houses in the Römerstadt and the expected disturbances for the neighbours. The suggestion of an exhibition space in Bornheim was taken up again, but, as various supporters also made clear in the city hall factions, the idea was for a house as an accessible object. At the end of 2004, the then Lord Mayor and chairwoman of the ABG supervisory board, Petra Roth, was convinced, and a suitable terraced house was soon found in the Römerstadt estate. The house Im Burgfeld 136, which the association was able to rent in March 2005, was extremely suitable because of its location and the furnishings. More than a drop of bitterness, however, was the regular rent charged by the municipal housing association. A grant from the city's cultural budget, which was approved in the same year, went primarily towards paying the rent from then on.

With a great deal of idealism and presumably also a certain naivety, countless hours of voluntary work were invested in the coming years in planning, the search for financing possibilities, but also for original furnishing elements, and again and again in craftsmanship for the restoration of the house in accordance with its status as a listed building. The Hessian State Office for the Preservation of Historical Monuments, the Frankfurt Office for the Preservation of Historical Monuments and the German Foundation for the Protection of Historical Monuments, as well as numerous companies and private individuals soon proved to be reliable partners and financiers of the elaborate undertaking. Seven years after the association was founded, the mayhaus could finally be opened on 27 July 2010, Ernst May's 124$^{th}$ birthday, probably being the "most thoroughly investigated and most carefully restored 1920s residential house in Hesse", according to Eckhard Herrel, dedicated chairman of the board for many years.

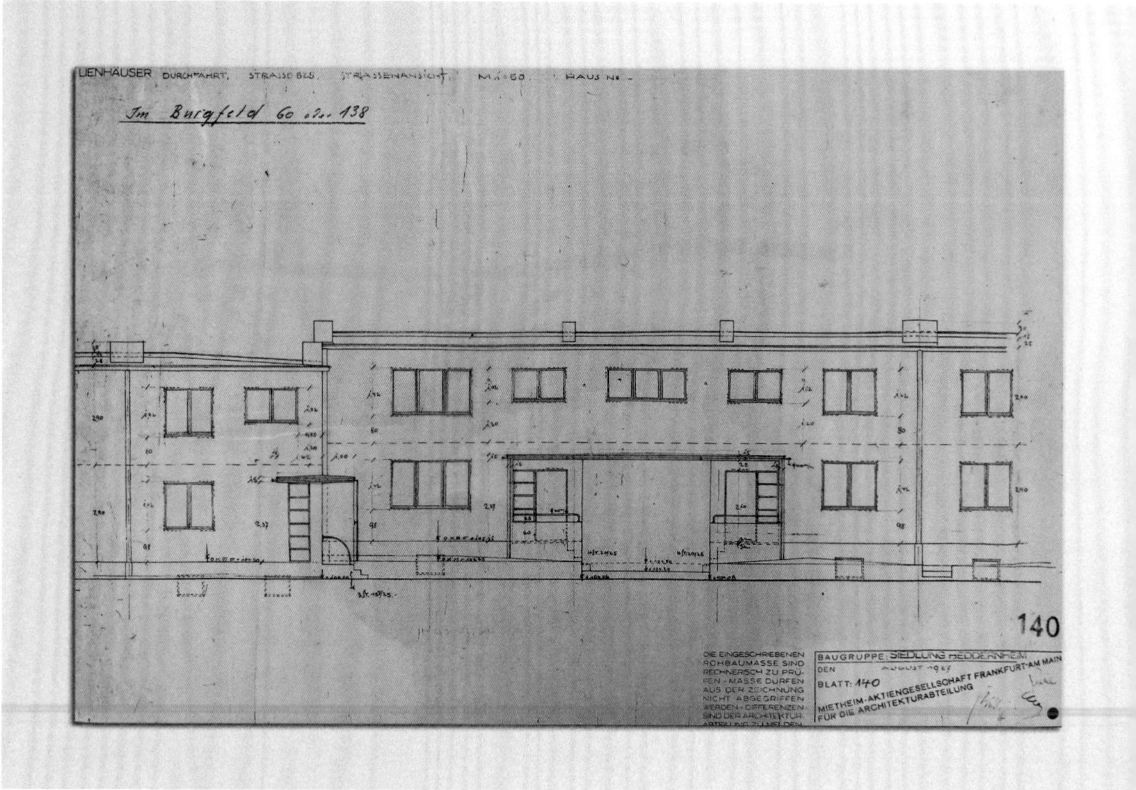


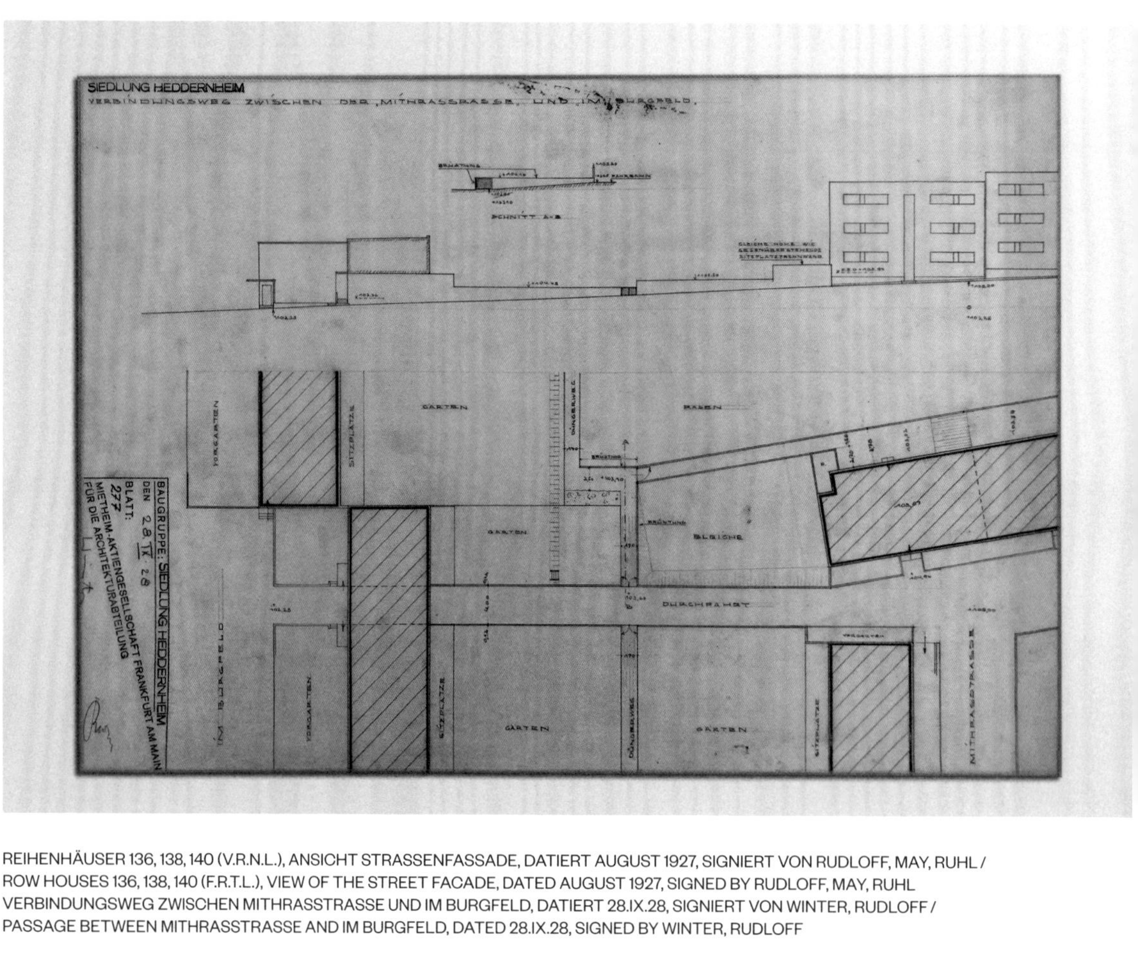


REIHENHÄUSER 136, 138, 140 (V.R.N.L.), ANSICHT STRASSENFASSADE, DATIERT AUGUST 1927, SIGNIERT VON RUDLOFF, MAY, RUHL /
ROW HOUSES 136, 138, 140 (F.R.T.L.), VIEW OF THE STREET FACADE, DATED AUGUST 1927, SIGNED BY RUDLOFF, MAY, RUHL
VERBINDUNGSWEG ZWISCHEN MITHRASSTRASSE UND IM BURGFELD, DATIERT 28.IX.28, SIGNIERT VON WINTER, RUDLOFF /
PASSAGE BETWEEN MITHRASSTRASSE AND IM BURGFELD, DATED 28.IX.28, SIGNED BY WINTER, RUDLOFF

# PLÄNE

# PLANS

# EG

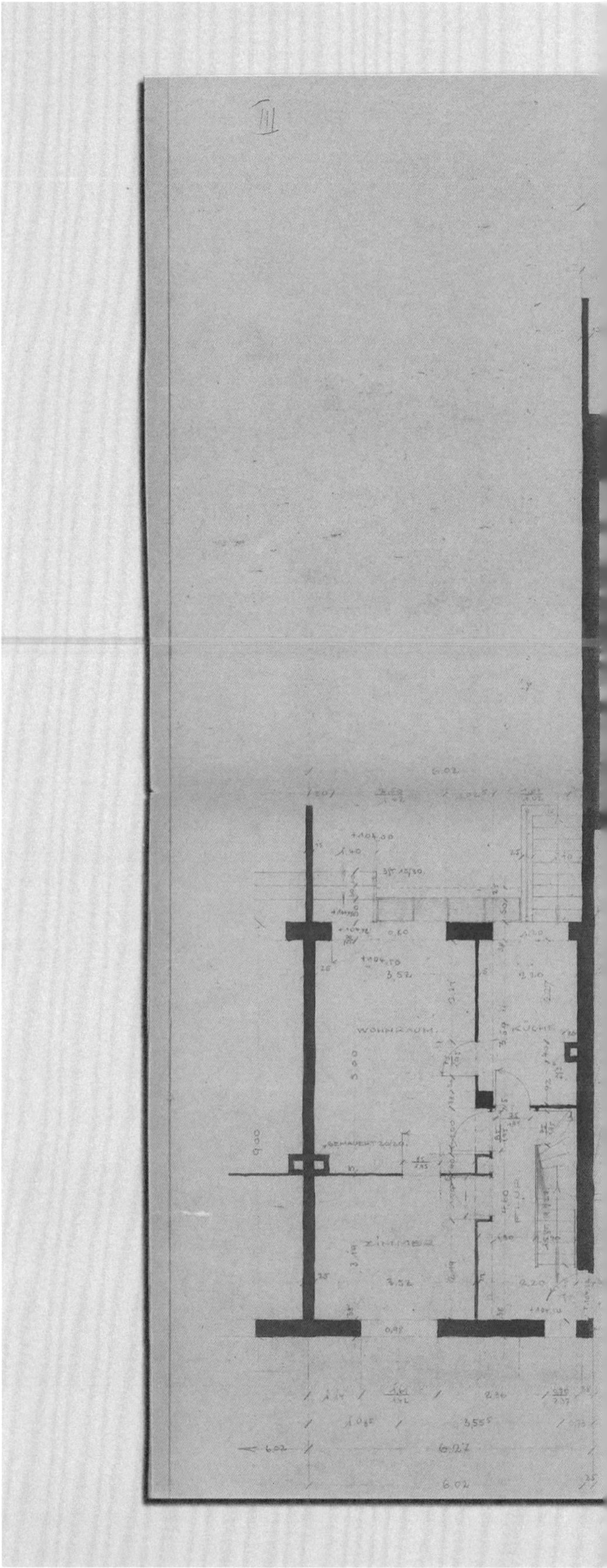


REIHENHÄUSER 136, 138, 140 (V.R.N.L.), GRUNDRISS ERDGESCHOSS, DATIERT AUGUST 1927, SIGNIERT VON MAY, RUDLOFF, RUHL /
ROW HOUSES 136, 138, 140 (F.R.T.L.), GROUND FLOOR PLAN, DATED AUGUST 1927, SIGNED BY MAY, RUDLOFF, RUHL

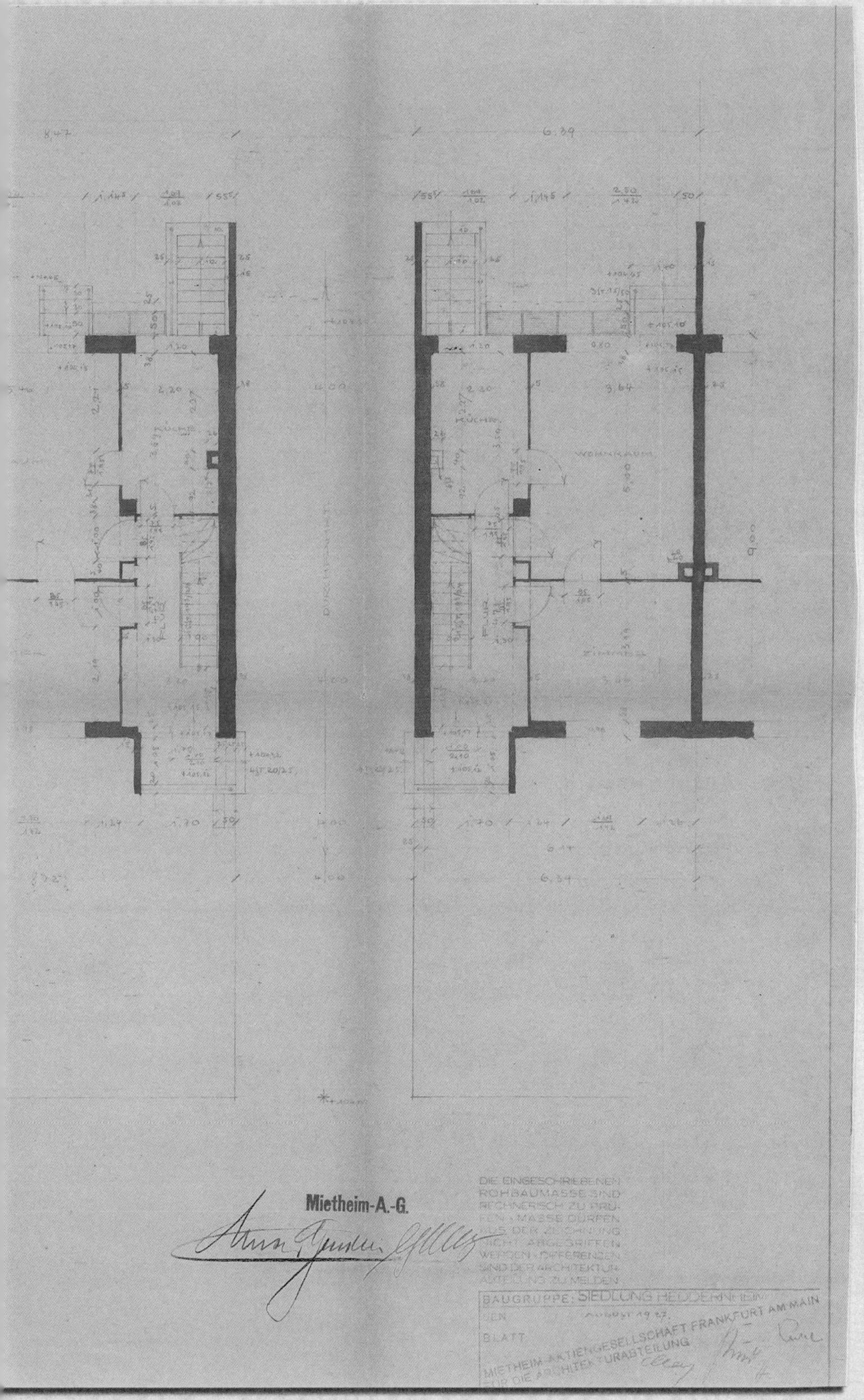

6.39
WOHNRAUM
Mietheim-A.-G.
DIE EINGESCHRIEBENEN
ROHBAUMASSE SIND
RECHNERISCH ZU PRÜ-
FEN. MASSE DÜRFEN
AUS DER ZEICHNUNG
NICHT ABGEGRIFFEN
WERDEN. DIFFERENZEN
SIND DER ARCHITEKTUR-
ABTEILUNG ZU MELDEN.
BAUGRUPPE: SIEDLUNG HEDDERNHEIM
BLATT
MIETHEIM AKTIENGESELLSCHAFT FRANKFURT AM MAIN
FÜR DIE ARCHITEKTURABTEILUNG

# OG

REIHENHÄUSER 136, 138, 140 (V.R.N.L.),
GRUNDRISS OBERGESCHOSS, DATIERT
AUGUST 1927, SIGNIERT VON MAY,
RUDLOFF, RUHL /
ROW HOUSES 136, 138, 140 (F.R.T.L.),
UPPER FLOOR PLAN, DATED AUGUST 1927,
SIGNED BY MAY, RUDLOFF, RUHL

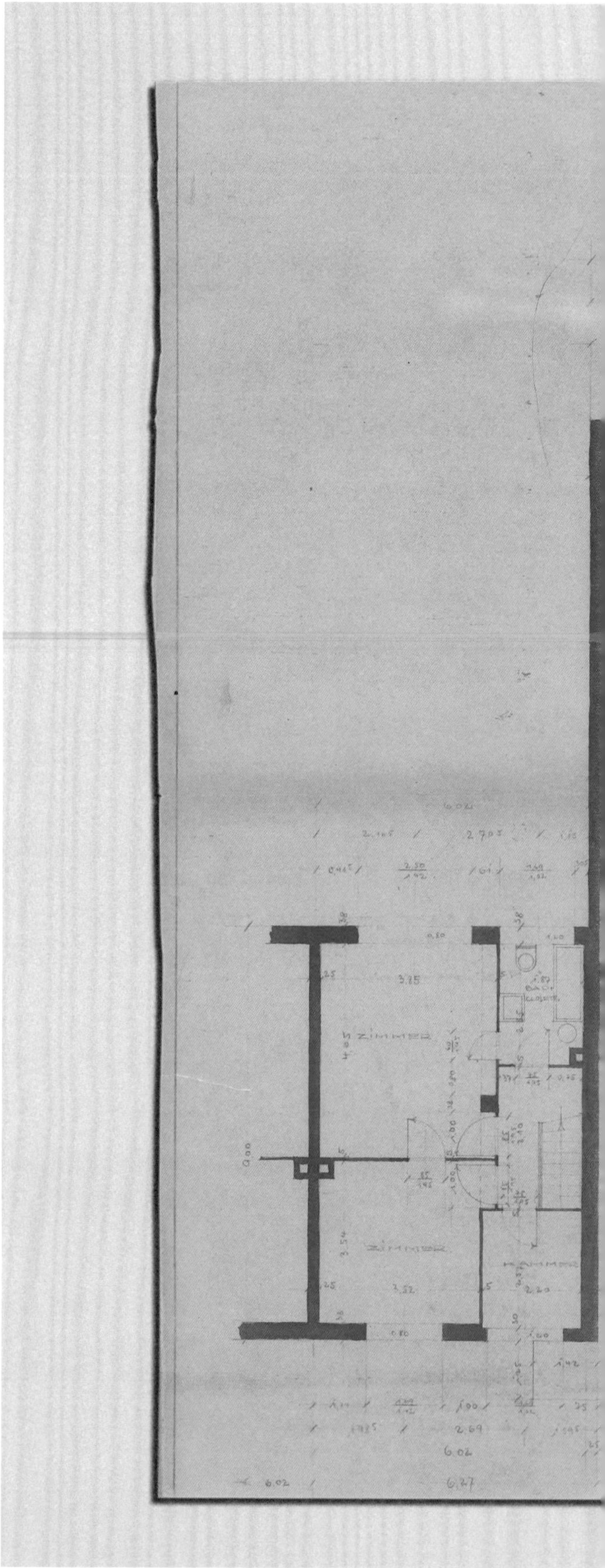

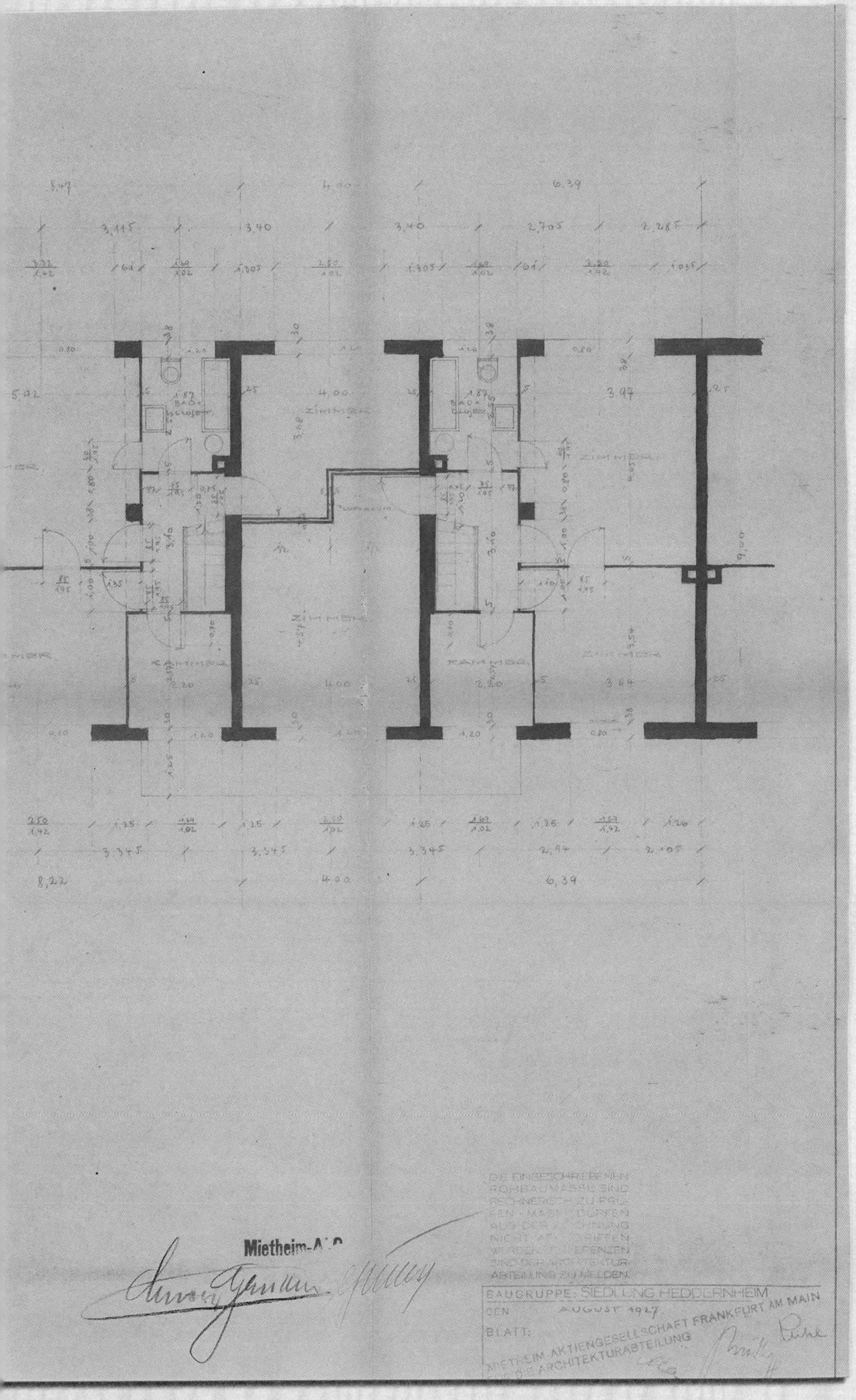

ZIMMER
KAMMER
BAD + CLOSETT
Mietheim-A.-G.
BAUGRUPPE: SIEDLUNG HEDDERNHEIM
DEN AUGUST 1927
BLATT:
MIETHEIM AKTIENGESELLSCHAFT FRANKFURT AM MAIN
ARCHITEKTURABTEILUNG

# UG

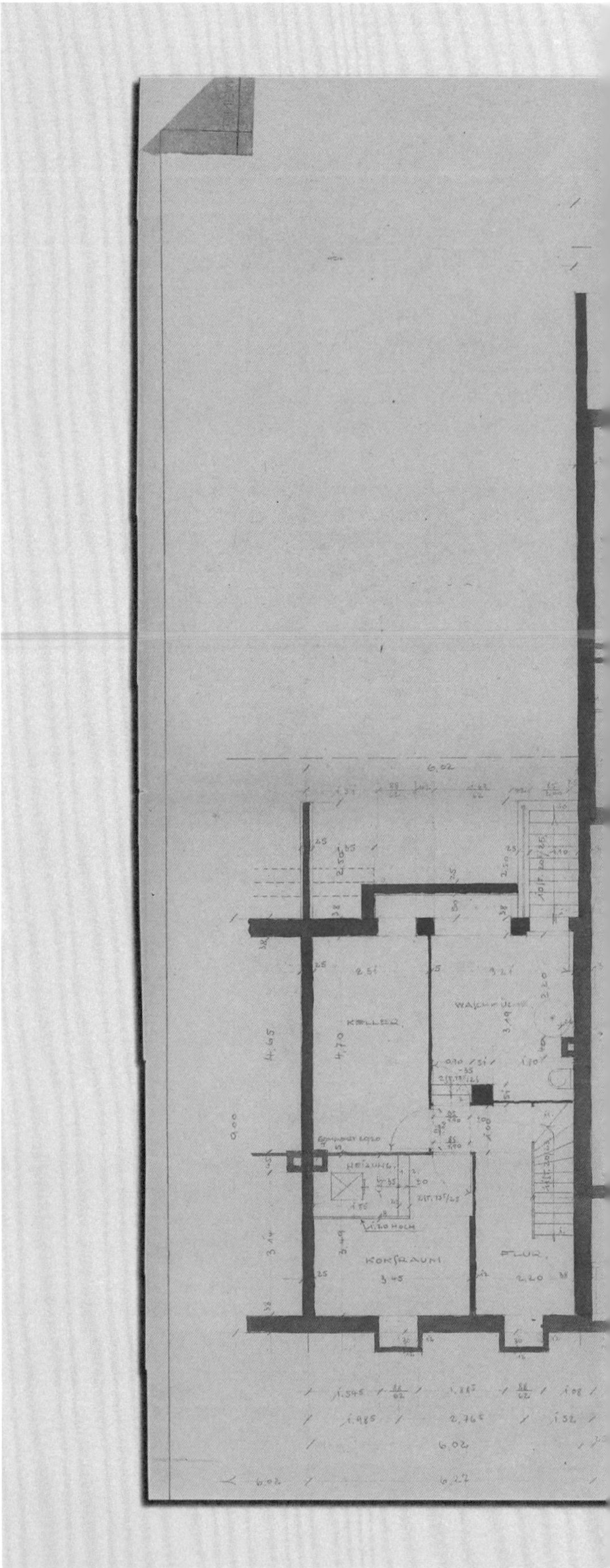


REIHENHÄUSER 136, 138, 140 (V.R.N.L.), GRUNDRISS KELLERGESCHOSS, DATIERT AUGUST 1927, SIGNIERT VON MAY, RUDLOFF, RUHL /
ROW HOUSES 136, 138, 140 (F.R.T.L.), BASEMENT FLOOR PLAN, DATED AUGUST 1927, SIGNED BY MAY, RUDLOFF, RUHL

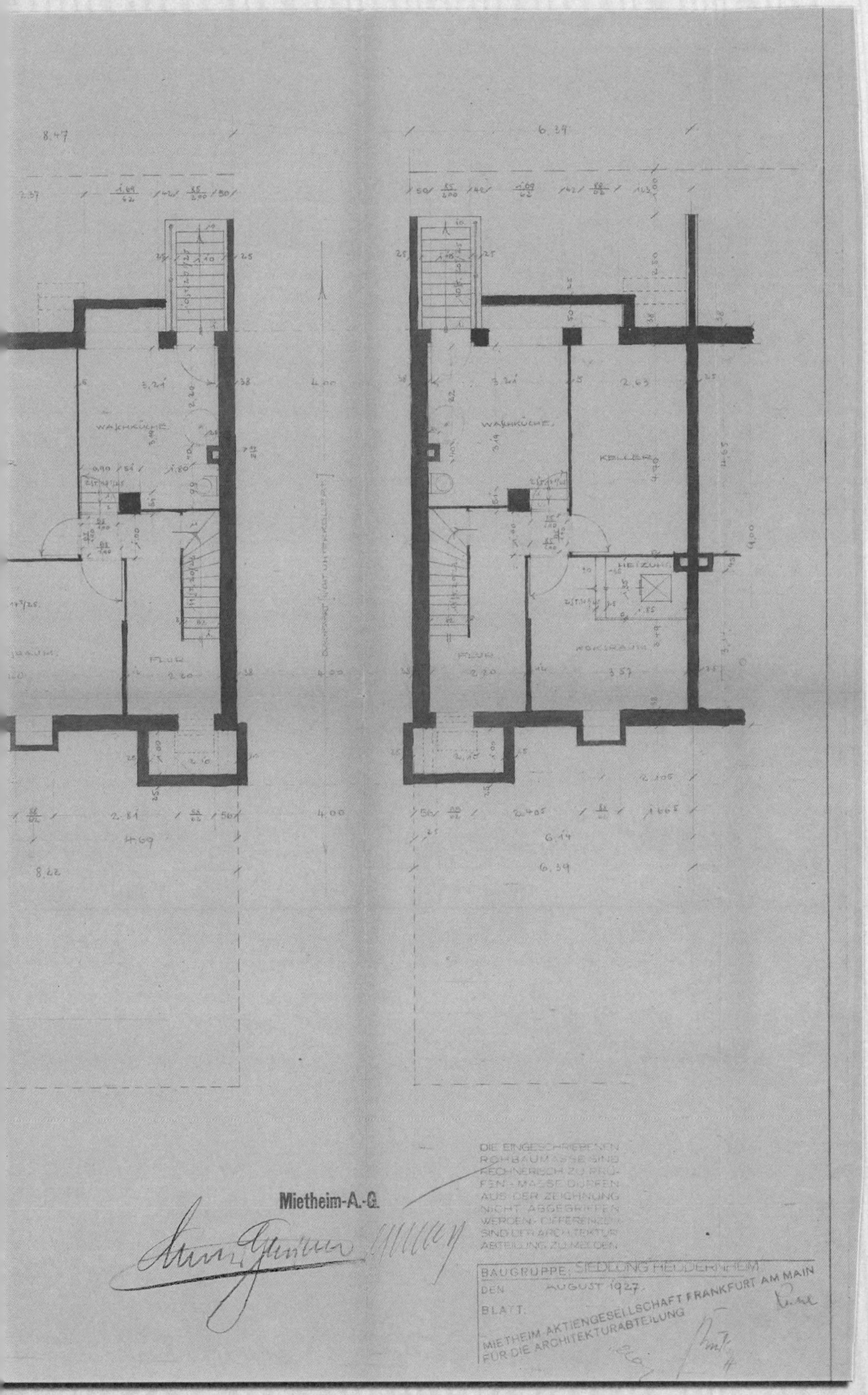
WASCHKÜCHE
FLUR
KELLER
HEIZUNG
KOKSRAUM
Mietheim-A.-G.
DIE EINGESCHRIEBENEN ROHBAUMASSE SIND RECHNERISCH ZU PRÜFEN - MASSE DÜRFEN AUS DER ZEICHNUNG NICHT ABGEGRIFFEN WERDEN - DIFFERENZEN SIND DER ARCHITEKTURABTEILUNG ZU MELDEN.
BAUGRUPPE: SIEDLUNG HEDDERNHEIM
DEN AUGUST 1927.
BLATT:
MIETHEIM AKTIENGESELLSCHAFT FRANKFURT AM MAIN
FÜR DIE ARCHITEKTURABTEILUNG

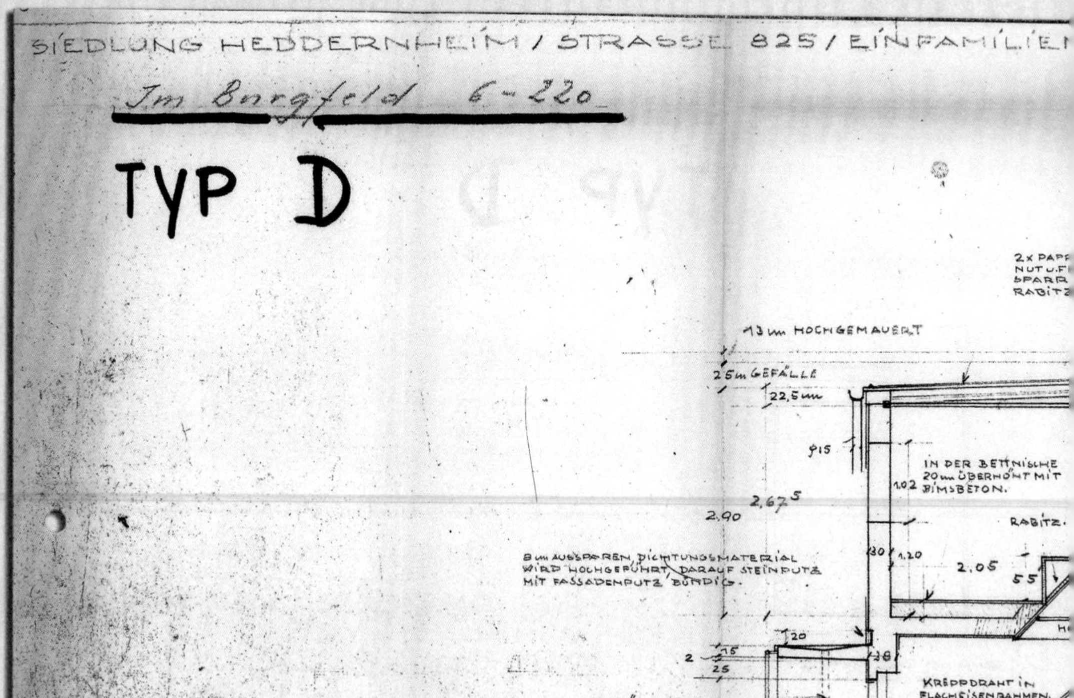


EINFAMILIENHAUS, NORMALSCHNITT TYP D, UNDATIERT, SIGNIERT VON MAY, RUDLOFF, KURTH

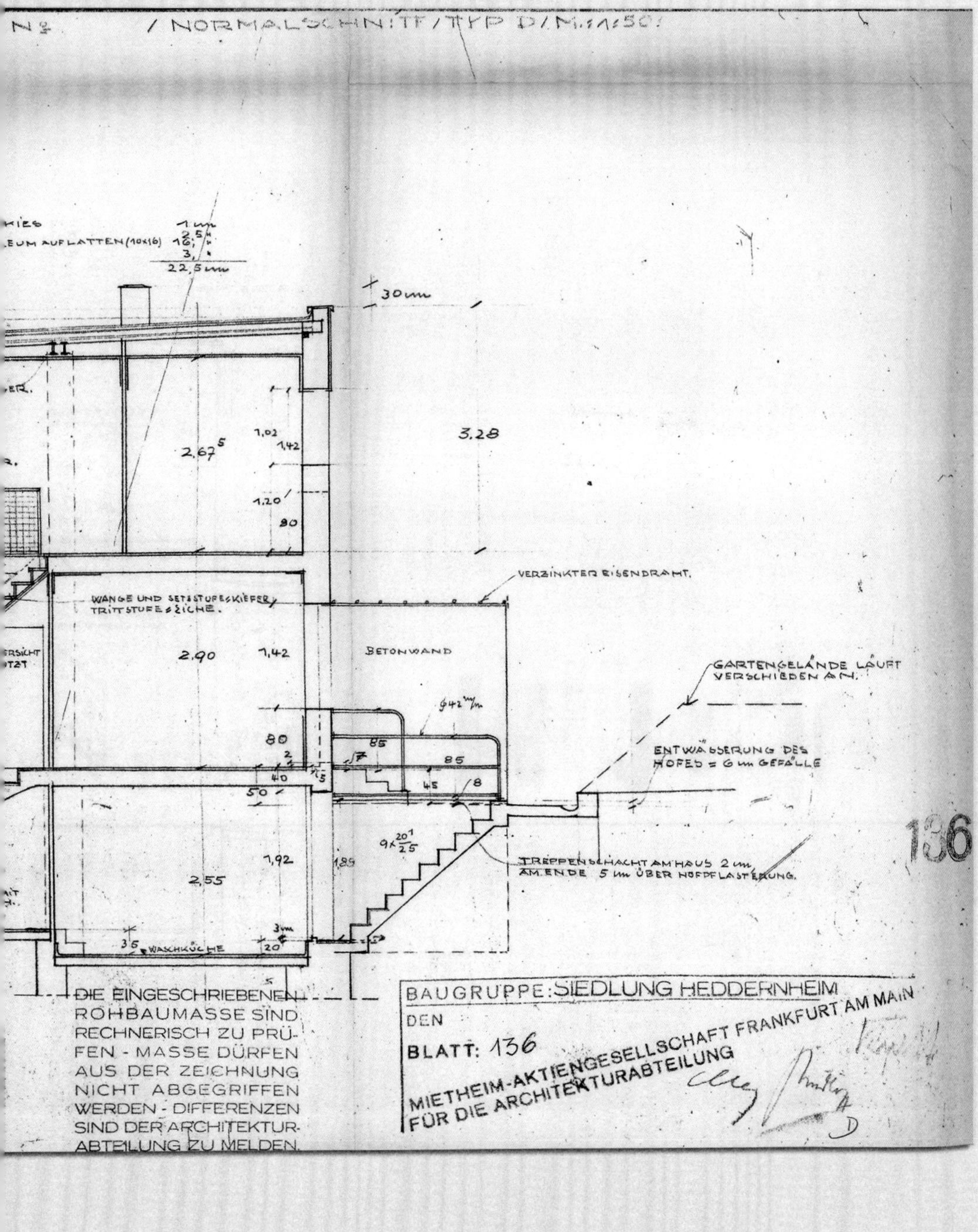


SINGLE-FAMILY HOUSE, NORMAL TYPE D, UNDATED, SIGNED BY MAY, RUDLOFF, KURTH

# MAYHAUS 2005–2010 MAYHAUS 2005–2010

**Bauherr / Client**
ernst-may-gesellschaft e. V., Frankfurt am Main

**Architekt / Architect**
Claus Giel, Dieburg

**Denkmalpflegerische Beratung / Restoration consultation**
Landesamt für Denkmalpflege Hessen, Wiesbaden
Denkmalamt, Frankfurt am Main
Institut für Steinkonservierung, Mainz

**Bauforschung / Construction research**
LfB Labor für Bauaufnahme und Bauforschung, Wiesbaden

**Restauratorische Voruntersuchung / Preliminary restoration examination**
Stefan Klöckner GmbH, Biebergemünd

**Küche / Kitchen**
afkore, Frankfurt am Main

**Herd / Cooker**
Martin Möbus, Meckenheim

**Möbel / Furniture**
Barbara Naumburg, Frankfurt am Main

**Garten / Garden**
Grünflächenamt, Frankfurt am Main
Roßkopf Garten + Landschaftsbau GmbH + Co KG, Frankfurt am Main

**Fenster / Windows**
Birgit Zoepf, Lohr am Main

**Putz / Plastering**
Steuernagel & Lampert, Groß-Bieberau

**Gerüst / Scaffolding**
Uhle Gerüstbau, Frankfurt am Main

**Schlosser / Fitter**
Rainer Sternheimer, Breuberg

**Dach / Roof**
Walter Schwab GmbH, Hofheim

**Restaurierung Innen / Restoration inside**
Andrea Frenzel, Wiesbaden

**Linoleum / Linoleum**
Döll Raumgestaltung, Eschborn

**Naturstein / Natural stone**
Martin Möbus, Meckenheim

**Tischler / Carpenter**
Christian Reul, Frankfurt am Main

**Elektro / Electrician**
Stephan Zimmermann, Oberursel

---

**Heizung und Sanitär / Heating and plumbing**
Installationstechnik Laube, Neu-Isenburg

---

**Schlosser / Locksmith**
Joannis Simos, Mossautal

---

**Kleingarten 2017 / Allotment Garden 2017**
Thorsten Moser, Sulzbach/Taunus
Johannes Cox, Frankfurt am Main
ImmoHerbst, Frankfurt am Main
Moritz Jacobi, Hünfelden-Kirberg
Wilhelm Opatz, Frankfurt am Main

---

**Gefördert durch / Supported by**
Landesamt für Denkmalpflege Hessen, Wiesbaden
Denkmalamt, Frankfurt am Main
Deutsche Stiftung Denkmalschutz, Bonn
Wüstenrot Stiftung, Ludwigsburg

---

**Sponsoren mayhaus und Kleingarten / Sponsors mayhaus and Allotment Garden**
ArchiKultur, Bad Homburg / Bulthaup Kücheneinrichtung, Frankfurt am Main / Johannes Cox, Frankfurt am Main / Design + Technik, Erlensee / Deutsche Börse, Frankfurt am Main / ERCO Leuchten, Frankfurt am Main / Frankfurter Sparkasse, Frankfurt am Main / HegerGuss, Enkenbach-Alsenborn / Thomas Hoof Produktgesellschaft, Waltrop / ImmoHerbst, Frankfurt am Main / Moritz Jacobi, Hünfelden-Kirberg / Stefan Klöckner, Biebergemünd / Nassauische Heimstätte, Frankfurt am Main / NOVOform Büroeinrichtungen, Frankfurt am Main / Louis Poulsen, Düsseldorf / Reproplan, Frankfurt am Main / RMB Rhein-Main Biokompost, Frankfurt am Main / Rosskopf Garten + Landschaftsbau, Frankfurt am Main / Schneider + Schumacher Architekten, Frankfurt am Main / Stuttgarter Gesellschaft für Kunst und Denkmalpflege, Stuttgart / Peter Waitzendorfer, Frankfurt am Main / Wentz & Co., Frankfurt am Main / Ute Wittich Gartenarchitektur, Frankfurt am Main

sowie zahlreiche private SpenderInnen / and numerous private donors

**Zitate / Quotes**

**19** Herbert Boehm, „Baulanderschließung in Frankfurt a. M. früher und heute". In: *Das Neue Frankfurt*, H. 5, 1927, S. 110 **30** Carl-Hermann Rudloff, „Ratschläge für Balkonschmuck". In: *Die Siedlung*, H. 5, 1929, S. 8 **103** Ernst May, „Fünf Jahre Wohnungsbautätigkeit in Frankfurt am Main". In: *Das Neue Frankfurt*, H. 2/3, 1930, S. 38 **121** Herbert Boehm, „Die Grünflächen der Großstadt". In: *Die Siedlung*, H. 3, 1930, S. 26 **Cover** Vgl. Herbert Boehm, „Die Grünflächen im großstädtischen Bebauungsplan". In: *Gartenkunst*, H. 5, 1929, S. 67

---

**Abbildungen / Images**

Alle Fotografien von Simon Keckeisen mit Ausnahme von /
All photographs by Simon Keckeisen with the exception of

**12** ernst-may-gesellschaft, NL Rudloff, Inv.-Nr. 08-04-02, Fotograf: unbekannt **14** Sammlung ernst-may-gesellschaft **17** Postkarte, Privatsammlung Christina Treutlein **17** Garten- und Friedhofswesen des städtischen Siedlungsamtes Frankfurt am Main, *Die Erhaltung der alten Nidda*, Frankfurt am Main 1928 **21** ernst-may-gesellschaft, NL Rudloff, Inv.-Nr. 10-30-01, Fotograf: Hermann Collischonn **22** ernst-may-gesellschaft, NL Rudloff, Inv.-Nr. 11-11-02, Fotograf: Hermann Collischonn **22** Postkarte, ernst-may-gesellschaft, NL Rudloff, Inv.-Nr. 09-18-04 **25** Privatsammlung Christina Treutlein, Fotograf: Hermann Collischonn **25** ernst-may-gesellschaft, NL Rudloff, Inv.-Nr. 10-12-01, Fotograf: Hermann Collischonn **26/27** *Gartenschönheit*, Heft 9, 1928, S. 48 **28/29** Luftaufname: Moritz Bernoully **31** ernst-may-gesellschaft, NL Rudloff, Inv.-Nr. 10-14-01, Fotograf: unbekannt **32** ernst-may-gesellschaft, NL Rudloff, Inv.-Nr. 10-15-02, Fotograf: Hermann Collischonn **34** ernst-may-gesellschaft, NL Rudloff, Inv.-Nr. 10-17-01, Fotograf: Max Göllner **36** ernst-may-gesellschaft, NL Rudloff, Inv.-Nr. 10-21-01, Fotograf: Hermann Collischonn **63** Sammlung ernst-may-gesellschaft **70** Sammlung ernst-may-gesellschaft **102** Sammlung Historisches Museum, Frankfurt am Main **110** ernst-may-gesellschaft, NL Rudloff, Inv.-Nr. 10-26-01, Fotograf: Hermann Collischonn **110** *Die Siedlung*, H. 3, 1929, S. 4 **118** Institut für Stadtgeschichte Frankfurt am Main, S7x Nr. 189-L37 **128** Sammlung Ulrike May, Fotografin: Silke Heuser **131** Sammlung ernst-may-gesellschaft, Fotograf: Eckhard Herrel **134** ABG Frankfurt Holding, Frankfurt am Main **136/137** ABG Frankfurt Holding, Frankfurt am Main **138/139** ABG Frankfurt Holding, Frankfurt am Main **140/141** ABG Frankfurt Holding, Frankfurt am Main **142/143** ABG Frankfurt Holding, Frankfurt am Main

136

*Das Neue Frankfurt*, Frankfurt am Main 1926–33, digitalisiert: https://digi.ub.uni-heidelberg.de/diglit/neue_frankfurt

*Die Siedlung. Monatsschrift für Gemeinnützige Siedlungs- und Wohnungswirtschaft*, Frankfurt am Main 1929–39

Justus Buekschmitt, *Ernst May (Bauten und Planungen 1)*, Stuttgart 1963

Dieter Rebentisch, *Ludwig Landmann. Frankfurter Oberbürgermeister der Weimarer Republik (Frankfurter Historische Abhandlungen 10)*, Wiesbaden 1975

Heike Risse, *Frühe Moderne in Frankfurt am Main 1920–1933*, Frankfurt am Main 1984

Christoph Mohr, Michael Müller, *Funktionalität und Moderne. Das Neue Frankfurt und seine Bauten 1925–1933*, Frankfurt am Main 1984

*Ernst May und das Neue Frankfurt 1925–1930*, hrsg. von Heinrich Klotz [Ausst.-Kat. Deutsches Architekturmuseum Frankfurt am Main], Berlin 1986

DW Dreysse, *May-Siedlungen. Architekturführer durch acht Siedlungen des Neuen Frankfurt 1926–1930*, Frankfurt am Main 1987; 4. erweiterte Neuauflage 2019

*Das Neue Frankfurt. Städtebau und Architektur im Modernisierungsprozess 1925–1988*, hrsg. von Walter Prigge, Hans-Peter Schwarz, Frankfurt am Main 1988

*Margarete Schütte-Lihotzky: Soziale Architektur. Zeitzeugin eines Jahrhunderts*, hrsg. von Peter Noever [Ausst.-Kat. Österreichisches Museum für angewandte Kunst Wien], Wien/Köln/Weimar 1993

Gerd Kuhn, *Wohnkultur und kommunale Wohnungspolitik in Frankfurt am Main 1880–1930. Auf dem Wege zu einer pluralen Gesellschaft der Individuen*, Bonn 1998

*Martin Elsaesser und das Neue Frankfurt*, hrsg. von Thomas Elsaesser, Christina Gräwe, Jörg Schilling, Peter Cachola Schmal [Ausst.-Kat. Deutsches Architekturmuseum Frankfurt am Main], Tübingen 2009

*Neues Wohnen 1929/2009. Frankfurt und der 2. Congrès International d'Architecture Moderne*, Beiträge des internationalen Symposiums in Frankfurt am Main 22.–24.10.2009, hrsg. von Helen Barr, Berlin 2011

*Ernst May 1886–1970*, hrsg. von Claudia Quiring, Wolfgang Voigt, Peter Cachola Schmal, Eckhard Herrel [Ausst.-Kat. Deutsches Architekturmuseum Frankfurt am Main], München/London/New York 2011

Susan R. Henderson, *Building Culture. Ernst May and the New Frankfurt Initiative, 1926–1931 (Studies in Modern European History 64)*, New York 2013

*Akteure des Neuen Frankfurt (Archiv für Frankfurts Geschichte und Kunst 75)*, hrsg. von Evelyn Brockhoff, Frankfurt am Main 2016

*Moderne am Main 1919–1933*, hrsg. von Klaus Klemp, Annika Sellmann, Matthias Wagner K, Grit Weber [Ausst.-Kat. Museum Angewandte Kunst Frankfurt am Main], Stuttgart 2019

*Neuer Mensch, neue Wohnung. Die Bauten des Neuen Frankfurt 1925–1933*, hrsg. von Wolfgang Voigt, Dorothea Deschermeier, Peter Cachola Schmal [Ausst.-Kat. Deutsches Architekturmuseum Frankfurt am Main], Berlin 2019

*Wie wohnen die Leute? Mit dem Stadtlabor durch die Ernst-May-Siedlungen*, hrsg. vom Historischen Museum Frankfurt [Ausst.-Kat. Historisches Museum Frankfurt], Frankfurt am Main 2019

*Das Neue Frankfurt und die Frankfurter Küche*, hrsg. von Klaus Klemp, Matthias Wagner K, Frankfurt am Main 2020

Christina Treutlein, *Der Architekt Carl-Hermann Rudloff 1890–1949. Ein Protagonist des Neuen Frankfurt*, Dissertationsschrift, eingereicht an der Freien Universität Berlin am 17.7.2020

**Elisa Lecointe**

geb. 1988 in Frankfurt am Main, Kunsthistorikerin. Seit 2013 Mitglied der ernst-may-gesellschaft, Kuratorin der Ausstellung *Adolf Meyer und Heinrich Helbing. Funktionsarchitektur für das Neue Frankfurt*.

born in Frankfurt am Main in 1988, art historian. Member of the ernst-may-gesellschaft since 2013, curator of the exhibition *Adolf Meyer und Heinrich Helbing. Funktionsarchitektur für das Neue Frankfurt.*

---

**Ulrike May**

geb. 1961 in Darmstadt, Kunsthistorikerin. Freie Kuratorin und Autorin mit den Arbeitsschwerpunkten Frankfurter Stadtgeschichte, Neues Frankfurt, Fotografie. Mitbegründerin und Vorstandsmitglied der ernst-may-gesellschaft.

born in Darmstadt in 1961, art historian. Freelance curator and author specialising in Frankfurt urban history, *Neues Frankfurt* and photography. Co-founder and board member of the ernst-may-gesellschaft.

---

**Annika Sellmann**

geb. 1988 in Rüdesheim am Rhein, Kunsthistorikerin. Von 2017 bis 2019 im KuratorInnenteam der Ausstellung *Moderne am Main 1919–1933* im Museum Angewandte Kunst, Frankfurt am Main; Mitglied der ernst-may-gesellschaft seit 2016.

born in Rüdesheim am Rhein in 1988, art historian. Member of the curatorial team of the exhibition *Moderne am Main 1919–1933* at the Museum Angewandte Kunst, Frankfurt am Main, from 2017 to 2019; member of the ernst-may-gesellschaft since 2016.

---

**Philipp Sturm**

geb. 1976 in Suhl, Politologe. Seit 2008 freier Kurator und Autor am Deutschen Architekturmuseum, Frankfurt am Main, sowie seit 2018 Geschäftsführer der ernst-may-gesellschaft.

born in Suhl in 1976, political scientist. Freelance curator and author at the Deutsches Architekturmuseum, Frankfurt am Main, since 2008, and managing director of the ernst-may-gesellschaft since 2018.

---

**Christina Treutlein**

geb. 1980 in Schweinfurt, Kunsthistorikerin. Verfasste 2020 eine Dissertationsschrift über den Architekten Carl-Hermann Rudloff. Seit 2008 Mitglied und seit 2018 stellvertretende Geschäftsführerin der ernst-may-gesellschaft.

born in Schweinfurt in 1980, art historian. Wrote a dissertation on the architect Carl-Hermann Rudloff in 2020. Member of the ernst-may-gesellschaft since 2008, acting as its deputy managing director since 2018.

# DANK ACKNOWLEDGMENT

ABG Frankfurt Holding, Frankfurt am Main: **Frank Junker**, **Jürgen Braun/Judith Antlfinger**, Oberursel/ **Moritz Bernoully**, Frankfurt am Main/Dezernat für Planen und Wohnen, Frankfurt am Main: **Mike Josef**, **Marcus Gwechenberger**/Dezernat für Kultur und Wissenschaft, Frankfurt am Main: **Ina Hartwig, David Dilmaghani, Julius Reinsberg/André Geißler**, Frankfurt am Main/**Juliane Geißler**, Frankfurt am Main/ **Sebastian Handke**, Frankfurt am Main/Hessisches Ministerium für Wissenschaft und Kunst, Wiesbaden: **Angela Dorn**, **Manuel Stock**, **Esther Drews/Eckhard Herrel**, Bad Homburg/Institut für Stadt-geschichte Frankfurt am Main: **Tobias Picard/Ulrich Kuhlendahl**, Frankfurt am Main/**Mircea Ogrin**, Frankfurt am Main/**Wilhelm Opatz**, Frankfurt am Main/**Dietrich Pressel**, Frankfurt am Main/**Mirjam Schmidt**, Frankfurt am Main/Wüstenrot Stiftung, Ludwigsburg: **Philip Kurz**, **Verena Krubasik**

**Herausgeber / Editors**
Christina Treutlein, Philipp Sturm
ernst-may-gesellschaft e. V., Hadrianstraße 5, 60439 Frankfurt am Main, www.ernst-may-gesellschaft.de

**Redaktion / Editing**
Christina Treutlein, Philipp Sturm

**Fotos / Photos**
Simon Keckeisen, Frankfurt am Main, www.simonkeckeisen.com

**Projektleitung Verlag / Project Management Publisher**
Petra Kiedaisch, Stuttgart

**Lektorat / Copy-Editing**
Kerstin Wieland, Berlin

**Übersetzungen / Translations**
Mircea Ogrin, Frankfurt am Main

**Gestaltung und Satz / Graphic Design and Typesetting**
Profi Aesthetics, Frankfurt/Berlin, Benjamin Franzki, Philipp Möller, Jan Münz, www.profi-aesthetics.eu

**Lithografie / Lithography**
Profi Aesthetics, Frankfurt/Berlin, Simon Keckeisen, Frankfurt am Main

**Schrift / Typeface**
Founders Grotesk, Klim Type Foundry (New Zealand)

**Papier / Paper**
Cover: Invercote G 280 g/m², Innenteil: LonaOffset 140 g/m²

**Druck / Printing**
Offizin Scheufele, Stuttgart

**Verlag und Vertrieb / Publishing and Distribution**
av edition GmbH, Senefelderstraße 109, 70176 Stuttgart, www.avedition.de

**Bibliografische Informationen der Deutschen Nationalbibliothek**
Die Deutsche Nationalbibliothek verzeichnet diese Publikation in der Deutschen Nationalbibliografie; detaillierte bibliografische Daten sind im Internet über http://dnb.de abrufbar.

**Bibliographic Information published by the German National Library**
The German National Library lists this publication in the German National Bibliography; detailed bibliographical data are available on the internet at http://dnb.de

**Gedruckt in Deutschland / Printed in Germany**
ISBN 978-3-89986-343-7

# GEFÖRDERT VON

HESSISCHES MINISTERIUM
FÜR WISSENSCHAFT UND KUNST

DEZERNAT FÜR KULTUR UND WISSENSCHAFT
DER STADT FRANKFURT AM MAIN

DEZERNAT FÜR PLANEN UND WOHNEN
DER STADT FRANKFURT AM MAIN

WÜSTENROT STIFTUNG

ABG FRANKFURT HOLDING

# SUPPORTED BY